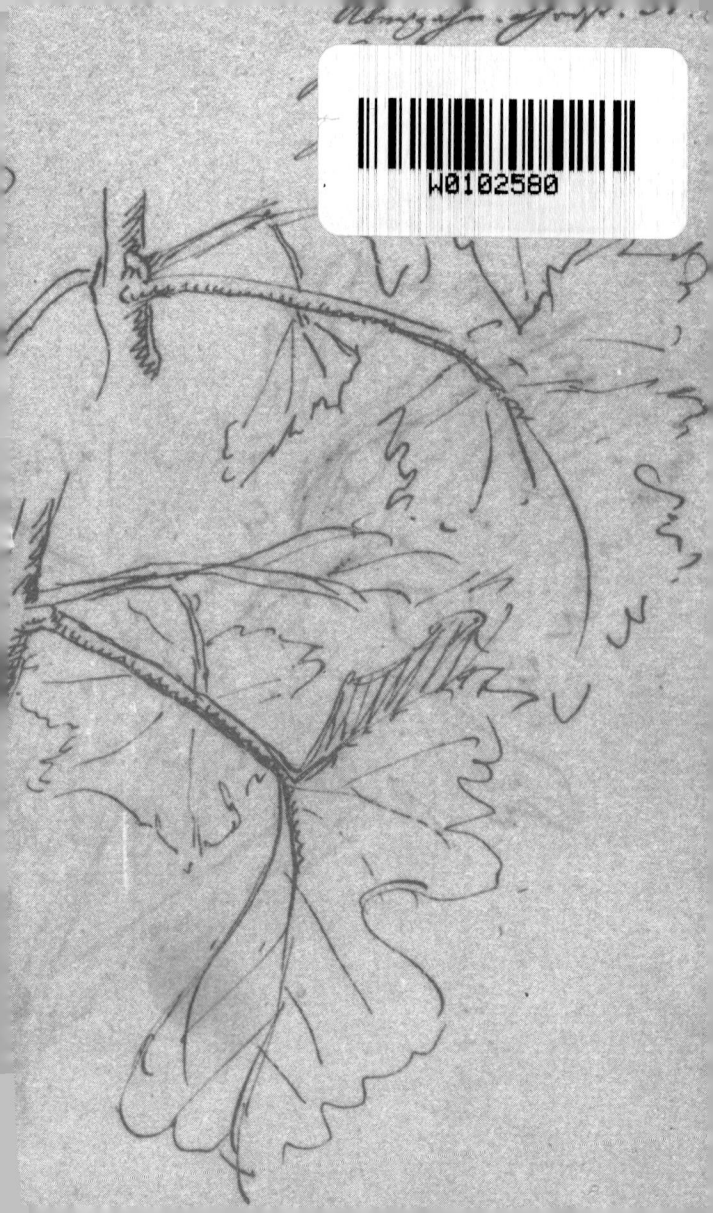

Die Neuen Tieck-Bücher

Mit Goethe beim Wein

Genießen mit dem Dichter

Mit 8 Abbildungen

DIE NEUEN TIECK-BÜCHER
LANGEN MÜLLER

Herausgegeben von Jost Perfahl

Zum Schutzumschlag:

Der Dichter vor Weinlaube stehend, der Hintergrund zeigt „das prächtige Flußtal innerhalb der fruchtbarsten Gegend", wie Goethe in „St.-Rochus-Fest zu Bingen" schreibt, „wo sich die Gärten hinabziehen, köstliche Terrassen und schattige Laubengänge mit Rebhügeln wechseln".

© 1999 by Langen Müller in der
F. A. Herbig Verlagsbuchhandlung GmbH, München
Alle Rechte vorbehalten
Umschlaggestaltung: Wolfgang Heinzel
Umschlagbild: Johann Joseph Schmeller, Goethe
(1826/1827), Ölgemälde,
Frankfurter Goethemuseum
Gesetzt aus 10/12 New Caledonia
Satz: EDV-Fotosatz Huber / Verlagsservice G. Pfeifer,
Germering
Druck: Jos. C. Huber, Dießen
Binden: Thomas Buchbinderei, Augsburg
Printed in Germany
ISBN 3-7844-2758-8

Vorwort

I

Eine Computerauswertung aus dem Jahr 1993, die alle edierten Bereiche Goethescher Autorschaft einschließlich der Briefe und Gespräche berücksichtigt, ergibt zum Stichwort „Wein" nebst Anschlußlemmata (Weinbau, Weinrebe etc.) gut 1300 Belege. Auf ein Mehrfaches dieser Zahl kommt man, wenn man die Synonyme und Umschreibungen hinzunimmt wie Dionysos, Rebensaft, Flasche, die Weinnamen Johannisberger, Würzburger und so weiter.

Die Untersuchung bezeugt Goethes auffällige Wertschätzung des Weins, die sich über alle Lebensabschnitte erstreckt und die verschiedensten Bereiche umfaßt, von der sicheren Kenntnis der Weinsorten bis hin zum wissenschaftlichen Studium des Weinbaus. Dem Dichter bedeutet der Wein eine Vergegenwärtigung von Naturkräften und ein Fühlungnehmen mit den Elementen. Der Wein samt seinem Umfeld (Traubenkulturen, Rebenlandschaften, Lagern und

Reifen des Weins, Lesefeste) wird ihm Kultstätte, in deren Grund der Dionysos der Antike hineinwirkt. Die Weingelände sind von Göttern bewohnt, und die Natur spricht.

Was der Wein für Goethe war, zeigt sich besonders charakteristisch in einigen aus der Spätzeit des Dichters stammenden Äußerungen, die zusammenfassend und zugleich exemplarisch gelten mögen für die Aspekte, die in dem vorliegenden Band ausgebreitet sind. Es handelt sich zunächst um Goethes Eindrücke während seines Aufenthalts in Dornburg. Darüber sagt er am 15. Juni 1828 zu Eckermann:

„Fast den ganzen Tag bin ich sodann im Freien und halte geistige Zwiesprache mit den Ranken der Weinrebe, die mir gute Gedanken sagen und wovon ich Euch wunderliche Dinge mitteilen könnte." *(GA 24, S. 275)*

Nach Dornburg hatte er sich für zehn Wochen begeben, nachdem am 14. Juni 1828 sein Dienstherr und Freund, der Großherzog Carl August von Sachsen-Weimar, gestorben war. Goethe wohnte in dem dortigen Renaissanceschloß:

„Bei dem schmerzlichsten Zustand meines Innern mußte ich wenigstens meine äußern

Vorwort

Dornburger Schlösser. 1776

Sinne schonen und ich begab mich nach Dornburg, um jenen düstern Funktionen zu entgehen ... ich bewohne das alte neuaufgeputzte Schlößchen am südlichsten Ende. Die Aussicht ist herrlich und fröhlich, die Blumen blühen in den wohlunterhaltenen Gärten, die Traubengeländer sind reichlich behangen, und unter meinem Fenster seh ich einen wohlgediehenen Weinberg, den der Verblichene ... noch vor drei Jahren anlegen ließ ... und mir erscheint das alles in erhöhteren Farben wie der Regenbogen auf schwarzgrauem Grunde." *(GA 21, S. 298)*

Während des Dornburger Aufenthalts beschäftigte sich Goethe eingehend mit der Geschichte des Weinbaus und skizzierte ein „Schema der Weinstocklehre".

Über seine Studien berichten auch seine damaligen Zeichnungen von Blättern und Zweigen der Rebe:

„Vorzüglich mit der näheren Betrachtung des Weinstocks beschäftigt. Mehrere Knoten gezeichnet, um sich von der eigentlichen Beschaffenheit des Wachstums zu unterrichten." *(4. Aug. 1828, GA Tagebücher, S.492)*

Goethe trägt sich mit dem Gedanken, seine Studien den vom Großherzog angelegten Weingärten in Form praktischer Verbesserungen zugute kommen zu lassen. Er schreibt an J. H. Meyer am 10. Aug. 1828: „Mein Aufenthalt wird mir von Tage zu Tage heilsamer und lieber ... so daß es mir selbst komisch vorkommt, mit welcher Leidenschaft ich das zur Sprache gebrachte Weinbaugeschäft ... ergreife." *(WA IV, 44, S. 263)*

Goethe setzt die Pflege des Weinbaus und das Werden des Weins in den Zusammenhang mit den heilwirkenden Kräften der Natur, die ihm „immer wahrer wird, sich immer mehr entfaltet,

immer neu erscheint, obgleich sie die alte, immer tiefer, ob sie gleich immer dieselbe bleibt."
(An J. H. Meyer am 10. Aug. 1828, WA IV, 44, S. 263f.)

Vielsagend sind Goethes – gleichfalls in die Spätzeit fallenden – Bemerkungen über den mythologischen Hintergrund des Weins, vor allem die Eckermann am 16. März 1830 mitgeteilten Gedanken über einen Zyklus von „zwölf biblischen Figuren", den „zu erfinden" er sich „den Spaß gemacht" habe. Als ersten nennt er Adam. „Er mag die Hand an einen Spaten legen, als ein Symbol, daß der Mensch berufen sei, die Erde zu bebauen." *(GA 24, S. 402)*

„Nach ihm (Adam) Noah, womit eine neue Schöpfung angeht. Er kultiviert den Weinstock, und man kann dieser Figur etwas von einem indischen Bacchus geben."

Am 21. März 1830 präzisiert Goethe dieses Bild von Noah: „Ich würde ihn nicht dem indischen Bacchus anähneln, sondern ich würde ihn als Winzer darstellen, wobei man sich eine Art von Erlöser denken könnte, der als erster Pfleger des Weinstocks die Menschheit von der Qual der Sorgen und Bedrängnisse frei machte."

(GA 24, S. 406)

II

Für den Dichter ist der Wein nicht nur ein Genußmittel, sondern darüber hinaus ein Medium, was Name und Besonderheit auszeichne wie eine Persönlichkeit. Es geht ihm nicht um den Wein als berauschendes Getränk. Harte Alkoholika wie Schnaps lehnte er ab. Vielmehr sind es die charakterlichen Eigenschaften und dadurch letztlich die Qualität der Weine, die entscheiden. Der Wein ist für Goethe nicht irgendein Wein, sondern immer ein bestimmtes Individuum.

Eine einzige Hymne auf die Güte des Weins sind die tiefsinnigen, den Wein verherrlichenden Gedichte Goethes, zum Beispiel „Der Sänger" und „Der König in Thule"; und in einem Gedicht des „Divan" wird gefordert:

„Soll denn doch getrunken sein,
Trinke nur vom besten Wein."
(Vgl. S. 100)

In mehreren Gedichten (s. S. 102, 138*ff.*) und auch in dem Bericht „Sankt-Rochus-Fest zu Bingen" lobt Goethe die Vortrefflichkeit des „Eilfers", des im Kometenjahr 1811 gewachsenen Jahrhundertweins, den er 1814 und 1815 während seiner Aufenthalte in den Rhein- und Maingegenden genossen hatte. Die hier wiedergegebene Urfassung des „Ghasels auf den Eilfer" vom 10. Oktober 1815 drückt das Bacchantische, Ausufernde seiner Begeisterung aus, die ihn sogar den Eilfer mit einem „großen Regenten" vergleichen läßt.

Die sorgfältige Beachtung der Weinqualität ließ es wohl auch zu, daß dem Dichter ein Tagesquantum von ein bis drei Flaschen durchaus bekömmlich war.

Von diesen Zahlen berichtet die Überlieferung mehrfach. Allerdings muß bedacht werden, daß Goethe leichten, einfachen Wein bevorzugte, wenngleich er gelegentlich auch Dessertweine trank. Und unter einer „Flasche" verstand man damals eine „Bouteille" mit einem Inhalt von wahrscheinlich 0,7 Liter.

Wenn in den Quellen von „Flasche" die Rede ist, oft „Karaffe" genannt, so bedeutet dies keine fest bestimmte Menge, die einen Liter betragen haben mußte. In der Regel füllte man damals Karaffen unterschiedlichen Fassungsvermögens aus den Fässern im Hauskeller ab.

Daß Goethe beim Wein wählerisch war, geht auch aus anderen Äußerungen hervor: Kurz vor seiner Rückkehr vom Frankreich-Feldzug Ende 1792 schreibt er an Christiane, seine spätere Gattin: „Wir sind so nah der Champagne und finden kein gutes Glas Wein. Auf dem Frauenplan [in Goethes Haus in Weimar] solls besser werden, wenn nur erst mein Liebchen Küche und Keller besorgt." *(10. Sept. 1792, GA 19, S. 199)* Für seinen Kuraufenthalt in Karlsbad 1820 ließ er sich, weil er den dort ausgeschenkten Weinen mißtraute, sechzig Liter „fränkischen Tafelwein" liefern, was auf einen Tagesverbrauch von zwei Litern hinweist.

III

Goethes Hauptlieferant in den Jahren 1800 bis 1822 waren der Weinhändler Christian Heinrich Ramann und (ab 1816) dessen Sohn Julius Heinrich Sylvester in Erfurt. Aus den Weinbestellungen Goethes und auch denen seiner Frau geht hervor, daß Goethes Verhältnis zu den Ramanns über das Geschäftliche hinaus ein herzliches war.

Wiederholte Besuche Goethes in Erfurt und dortige Weinverkostungen im Hause Ramann fanden statt. Auf Seite 146ff. dieses Bandes sind einige Weinbestellungen Goethes bei Ramann wiedergegeben, von dem auch Schiller, Wieland und andere Weimarer Größen ihre Weine bezogen.
Hinsichtlich der Bezahlung war dieser Händler sehr entgegenkommend. Christiane berichtet Goethe am 1. Oktober 1800: „Soeben ist Herr Ramann von Erfurt bei mir gewesen und hat mir gesagt, daß er itzo ganz vortreffliche Weine habe .... Und er meinte, du solltest lieber Deine Bestellungen vor den ganzen Winter davon machen; denn sie wüßten nicht, ob sie den Winter wieder so guten bekämen. Mit der Zahlung müsse es nicht gleich sein. Und wenn du alle halbe Jahr oder alle Jahr bezahlest, darauf käme es gar nicht an; aber die Bestellung müsse bald geschehn."

(Goethes Briefwechsel mit seiner Frau.
Hg. von Hans Gerhard Gräf, Frankfurt 1916, II, S. 299f.)

Ramanns Großzügigkeit in der Stundung war dem Dichter sehr willkommen; übrigens waren Kredit und Zahlungserleichterungen in der damaligen Zeit, wie auch heute, prominenten Kunden gegenüber üblich, weil eine Werbung auf längere Sicht erhofft wurde.

Goethe trank die verschiedensten Sorten. Auf seine geschmackliche Palette wirft folgende Bestellung Licht, die am 30. Oktober 1815 von Christiane an Ramann ging:

„Ich ersuche Sie hiermit, mir durch Stachelrodten Einen Eymer Würzburger von der letzten Sorte, aber in zwei halben Eymern, desgleichen auch einen Eymer von dem Elsasser in 2 halben Eymern, Sechs Bouteillen Champagner und, wenn sie den Würzburger nicht sogleich mitgeben können, doch wenigstens Ein Dutzend Bouteillen davon mir unverzüglich zu schicken.

Alle Noten schicken Sie, wie gewöhnlich, an mich.

Die ich wohl zu leben wünsche

C. v. Goethe"

(Vgl. Hermann Jung: Goethe und sein Weinhändler. In: Der Deutsche Weinbau, 27. Jg. 1972, S. 8)

Vielfalt in der Verkostung verrät auch Goethes Brief vom 22. Okt. 1829 an „Herrn Phil. Jac. Weydt junior hochangesehenen Handelsherrn in Frankfurt a. M.", worin es heißt:

„Herr P. J. Marstaller aus Hamburg, welcher mir einen Try Madeira geliefert, womit ich wohl zufrieden zu sein Ursache hatte, meldete mir, daß ich bei seinem Herrn Schwestersohn in Frankfurt a. M., Herrn Phil. Jac. Weydt junior, alle Weine seines Preiscourants ebenso gut als von ihm erhalten könne. Ich ersuche dieselben daher, mir 50 Flaschen Try Madeira zu übersenden, dazu auch Proben von sonstigen Dessertweinen als: Carcowellos, Paxaret, Tinto de Roda und was etwas vorzüglich beliebt ist, beyzupacken. Hiernächst den Betrag der Rechnung, und an wen das Geld allenfalls zu zahlen wäre, gefälligst zu melden.
Mit den besten Wünschen in vorzüglicher Hochachtung ergebenst

> Joh. W. v. Goethe"
> *(Vgl. Jung, a.a.O., S. 8)*

Goethes Behutsamkeit bei der Beschaffung der Weine fällt immer wieder auf. Stellvertretend für viele ähnliche Belege sei Goethes Weinbestellung bei Christian Heinrich Ramann vom 11. Februar 1801 zitiert, aus der die Vorsicht des erfahrenen Kenners spricht:

„... ersuche ich Sie, wenn Sie gegenwärtig recht guten Erlauer haben, mir eine Probe davon in ein paar Bouteillen zu schicken", und weiter ebenda: „... ein paar Flaschen vorzüglich guten Steinwein zur Probe." *(Vgl. Hans Werner Rothe: „Goethes Erfurter Weinlieferant ..." In: Das Weinblatt, 44. Jg., 1949, S. 262)*

Ab Mitte 1794 hielt sich Goethe wiederholt und oft monatelang in Jena auf, wo er mit Künstlern und Gelehrten wie Schiller, Fichte und Hufeland Umgang pflegte. Auch dahin ließ er sich die Weine kommen, die er liebte. Am 17. Juni 1806 schreibt er an Christiane: „Sende mir noch einige Würzburger; denn kein andrer Wein will mir schmecken, und ich bin verdrüßlich, wenn mir mein gewohnter Lieblingstrank abgeht." *(Goethes Briefwechsel mit seiner Frau. I, S. 461)*

Neben dem Würzburger schätzte Goethe noch weitere Frankenweine, besonders den Wertheimer sowie den Escherndorfer. Allein aus der Zeit vom 16. März bis 30. Mai 1816 sind Weinbestellungen bekannt über 64 Liter Würzburger, 64 Liter roten und 64 Liter weißen Wertheimer.

Vom Escherndorfer bestellte Goethe 1921 insgesamt 900 Liter. *(Vgl. Jung, a.a.O., S. 8)*

Bekannt ist Goethes Vorliebe für den Rheinwein, zum Beispiel für den Johannisberger; der Maler Ludwig Emil Grimm berichtet darüber anläßlich eines Besuches bei Goethe mit seinem Bruder Wilhelm (5. September 1815):

„Er reichte uns beiden die Hand und war sehr freundlich, sprach langsam. Wir setzten uns dann alle drei und er sprach zuerst mit Wilhelm über gelehrte Sachen. Sein Gesicht war von Tisch, wo er dem Johannisberger Eilfer gehörig zugesprochen hatte, ganz rot." *(GA 22, S. 829)*

Der gastfreundliche Dichter sorgte bei den Geselligkeiten dafür, daß den Trinkgenuß das entsprechende Essen begleitete. Grimm am 13. Dezember 1809:

„Tags darauf wurde ich zum Mittagessen bei ihm eingeladen. Seine Frau, die sehr gemein aussieht, ein recht hübsches Mädchen, dessen Namen ich wieder vergessen, die er aber, deucht mir, als seine Nichte vorstellte, und Riemer waren da. Es war ungemein splendid: Gänseleberpasteten, Hasen und dergleichen Gerichte. Er war noch freundlicher, sprach viel und invitierte mich immer zum Trinken, indem er an die Bouteille zeigte und leis brummte, was er überhaupt viel tut; es war sehr guter Rotwein und er trank fleißig, besser noch die Frau." *(GA 22, S. 576)*

Ausführlicher schildert der Schauspieler Eduard Genast, am 24. Juli 1821 Gast bei dem Dichter, die Gänge der Goetheschen Tafel:

„Am liebenswürdigsten und heiter-geselligsten war Goethe am Mittagstische, wo jedoch die Eingeladenen nie die Zahl der Musen überschritten. Vor ihm stand eine Flasche alten Rheinweins, welche er ganz allein zu leeren pflegte; wir andern hatten uns aus den vor uns aufgestellten Flaschen nach Belieben zu versorgen. Auf den Küchenzettel, den er für gewöhnlich selbst angab, hatte die Anwesenheit von Gästen besonderen Einfluß; es gab außer der Suppe gewöhnlich drei, höchstens vier Schüsseln: Fleisch mit Gemüse (er aß sehr gern ein nach italienischer Kochkunst bereitetes stuffato), dann gab es Fisch (Forellen liebte er zumeist), Braten (zumeist Geflügel oder Wild) und, wie er erklärte, wegen der Damen eine Mehlspeise (Karlsbader Strudel) ... Er selbst zog der süßen Speise ein Stück engli-

schen oder Schweizer Käse vor. Das Zerlegen des Bratens, selbst wenn es ein schwieriger Wildziemer war, besorgte er eigenhändig, legte auch wohl einer begünstigten Tischgenossin ein ausgesuchtes Stück oder die zierlichste der Forellen vor. Vorherrschend war an dem Mittagstische bei dem alten Herrn der ausgezeichnet gute Humor und die scherzhaften Neckereien mit seiner Schwiegertochter, doch nahm die Unterhaltung zuweilen auch eine ernste Richtung. Von dem einen wie von dem andern sind Erinnerungen in den Tafeln meines Gedächtnisses aufgezeichnet."
(GA 23, S. 137)

IV

Goethe stellt zwar fest: „Es liegen im Wein allerdings produktivmachende Kräfte sehr bedeutender Art."*(Zu Eckermann, 11. März 1828, s. S. 130)*
Doch die Fälle, von denen der Dichter berichtet, daß er durch den Weingenuß künstlerische Anregung erhalten habe, scheinen eher die Ausnahmen gewesen zu sein. Wie beispielsweise, wenn er in „Dichtung und Wahrheit" über die Entstehung

des Stückes „Götter, Helden und Wieland" (1774) schreibt: „... als die gewöhnliche Wut alles zu dramatisieren mich eines Sonntags nachmittags anwandelte, und ich bei einer Flasche guten Burgunders, das ganze Stück wie es jetzt daliegt, in einer Sitzung niederschrieb." *(GA 10, S. 709)*

Und wahrscheinlich ist die Entstehung einiger „Divan"-Gedichte (1814–1818) durch den Wein gefördert worden: „Sing es mir ein andrer nach / Dieses Lied vom Eilfer! / Denn ich sang's im Liebesrausch / Und berauscht vom Eilfer." (Vgl. S. 142)

Es ist indessen anzunehmen, daß Goethe in seiner Produktivität vom Wein unabhängig war, daß er also nicht durch den Weingenuß schöpferisch war, sondern trotz diesem: „Gewöhnlich schrieb ich alles zur frühesten Tageszeit; aber auch abends, ja tief in die Nacht, wenn Wein und Geselligkeit die Lebensgeister erhöhten, konnte man von mir fordern was man wollte." *(„Dichtung und Wahrheit", Fünfzehntes Buch, GA 10, S. 698)*

Über die Möglichkeit, durch „geistige Getränke" die Produktivität in matten Stunden „herbeizufördern", äußert sich der Dichter auch kritisch:

Allem, was auf diese Weise entstanden sei, merke man es zu seinem „großen Nachteil" nachher an. (Vgl. S. 128)

Wenn Goethe mitunter überschwenglich die Wohltat des Weins besingt, oder wenn er, wie im „Ghasel auf den Eilfer", die Grenzen scheinbar überschreitet, so reimt hier der Schalk mit, und es geht mehr um Dichtung als um Wahrheit; so, wenn er die Freundin sich beschweren läßt (vgl. S. 140):

> „Hat doch der Eilfer
> Abermals dich niedergeworfen!
> Trunken vom Eilfer
> Lagst unempfindlich meinem Kosen,
> Als wäre der Eilfer
> Meinen Küssen vergleichbar.
> Meide den Eilfer!"

In den Bereich der Schalkheit gehört wohl auch der von einigen Interpreten erfundene beziehungsweise überlieferte Titel: „Wie Goethe seine Honorare vertrank", der den 6. Band der Schriften der Stadelmann-Gesellschaft (Weimar 1924) ziert. Dessen Inhalt ist die handschriftliche Wiedergabe der Rechnungsführung der Weinhandlung Schwabe. Darin wird eine Zahlung folgendermaßen bestätigt:

„30 Dukaten, den Dukaten zu zwei Laubthalern gerechnet, Honorarium für das Manuskript Mahomet von Herrn Iffland zu Berlin am 17. November 1800 für den Herrn geheimen Rath [= Goethe] erhalten."

Die genannte Rechnungsführung enthält ferner eine Quittung vom 22. Januar 1802 betreffend Goethes Honorar für das Manuskript der Übersetzung von Voltaires „Tancred".

Das sind immerhin zwei Belege dafür, daß der Dichter seine Manuskripte gelegentlich in Wein umsetzte.

V

Goethe erfährt durch den Wein geistige Belehung, Anregung, „produktivmachende" Wirkungen vor allem auch bei Geselligkeiten. Aber obwohl bei keiner Persönlichkeit der Weltgeschichte die Biographie aufgrund der günstigen Quellenlage so im Detail erforscht ist wie bei

Goethe, lesen wir nirgends von einer Verfassung, für die die Bezeichnung „betrunken" zuträfe, nämlich der Besonnenheit verlustig sein.

Das war Goethe auch dann nicht, wenn er einmal, wie er selbst zugesteht, des Guten zuviel genommen hatte, wie damals, aus Ärger über des Altphilologen Friedrich August Wolf Spottlust und Kritik an Goetheschen Meinungen:

„Wenn Isegrimm [F. A. Wolf] seine Absurdität gegen mich immer wieder erzählt, so deutet das auf ein böses Gewissen, er wird nicht referieren wie bestialisch ich dagegen mich geäußert habe. Glücklicher- oder unglücklicherweise hatt' ich so viel Gläser Burgunder mehr als billig getrunken und da hielt ich auch keine Maße. Meyer saß dabei, der immer gefaßt ist, und ihm war nicht wohl bei der Sache.

Es war der 27. August, nachts, und ich hatte mir schon freundlich ausgedacht den 28. August meinen Geburtstag mit diesem unerwartet angekommenen Freunde zu feiern. Meyer mußte durch Zufälligkeiten am Morgen fort, und ich ließ, obgleich ungern, jenen vortrefflichen Unerträglichen dahin fahren und blieb den 28. vergnügt allein. Jener im Widerspruch Ersoffene hätte mir am Ende gar zur Feier meines Fests behauptet, ich sei nie geboren worden.

Dies aber alles wird ihm zu Haus und zu Hof kommen und zuletzt wird er nicht wissen wo er hinaus soll. Herder hatte sich auch solche jugendliche Unarten bis ins Alter durchzuführen vermessen und ist darüber verzweifelnd in die Grube gefahren. Untersuche dich ja ob dir dergleichen Zeug in den Gliedern steckt, ich tu es alle Tage. Man muß von den höchsten Maximen der Kunst und des Lebens in sich selbst nicht abweichen, auch nicht ein Haar."

(Goethe an Zelter, 7. November 1816, GA 21, S. 192f.)

Nicht übergangen seien einige negative Bemerkungen Goethes über den Wein, die aber, von einer Ausnahme abgesehen, sämtlich in das Frühjahr 1780 fallen. Er schreibt am 25. Dezember 1772 an Johann Christian Kestner, den Verlobten der Charlotte Buff:

„Gestern lieber Kestner war ich mit einigen guten Jungens auf dem Lande, unsere Lustbarkeit war sehr laut, und Geschrey und Gelächter von Anfang zu Ende. Das taugt sonst nichts für die kommende Stunde, doch was können die heiligen Götter nicht wenden wenns Ihnen beliebt, sie gaben mir einen frohen Abend, ich hatte keinen Wein getruncken, mein Aug war ganz unbefangen über die Natur. Ein schöner Abend ..." *(WA IV, 2, S. 48)*

Im Tagebuch vom 1. April 1780:
„Seit drey Tagen keinen Wein. Sich nun vorm Englischen Bier in acht zu nehmen. Wenn ich den Wein abschaffen könnte, wär ich sehr glücklich."
(GA Tagebücher, S. 100)

Tagebuch von Ende April 1780:
„Ich trincke fast keinen Wein. Und gewinne täglich mehr in Blick und Geschick zum thätigen Leben. Doch ist mirs wie einem Vogel der sich im Zwirn verwickelt hat ich fühle, daß ich Flügel habe und sie sind nicht zu gebrauchen."
(GA Tagebücher, S. 101)

Tagebuch 26. Mai bis 22. Juni 1780:
„Meine Tage waren von Morgends bis in die Nacht besetzt. Man könnte noch mehr, ja das unglaubliche thun wenn man mäsiger wäre. Das geht nun nicht."
(GA Tagebücher, S. 104)

Ob sich die Mäßigung auf den Wein bezieht, bleibt an dieser Stelle allerdings unklar.

Dagegen finden sich Bemerkungen Goethes über eine die Gesundheit und das Wohlbefinden fördernde Wirkung des Weins häufig und in allen seinen Lebensabschnitten. Am 2. Februar 1785 berichtet er Charlotte von Stein:

„Der gestrige Wein hat wieder seine wohlthätigen Würckungen gezeigt, ich habe sehr gut geschlafen, und befinde mich wohl."

(WA IV, 7, S. 10)

Oder, in dem Brief an Schiller vom 5. Juli 1802, betreffend die Erkrankung Johann Heinrich Meyers, der mit Goethe zur Kur in Lauchstädt weilte:

„Meyer verflucht, wie Sie aus der Beilage sehen werden, seinen hiesigen Aufenthalt, indessen wird ihm das Baden ganz wohl bekommen. Hätte er sich, statt Pyrmonter Wasser hier teuer in der Apotheke zu bezahlen, ein Kistchen Portwein, zur rechten Zeit, von Bremen verschrieben, so sollte es wohl anders mit ihm aussehen; aber es stehet geschrieben, daß der freieste Mensch (also eben der vorurteilfreieste) gerade an dem, was seinen Leib betrifft, den Vorurteilen unterliegen muß. Wir wollen daher nicht groß tun, weil uns dasselbige begegnen kann." *(GA 20, S. 907f.)*

Der Glaube an die heilenden Kräfte des Weins könnte sich auch noch in der Sterbestunde Goethes gemeldet haben, und zwar in seltsamer Weise: Goethes letzte Worte sollen gewesen sein:
„Macht doch den zweiten Fensterladen in der Stube auf, damit mehr Licht hereinkomme!"
(GA 23, S. 864)
Zuvor, am selben Tag, soll er, nach dem Bericht von Kanzler Friedrich Theodor Müller, zu seinem Diener Friedrich gesagt haben:
„Du hast mir doch keinen Zucker in den Wein getan, der mir schadet?" *(GA 23, S. 864)*
Ganz zuletzt, als ihm das Sprechen immer schwerer wurde, machte er mit der Hand Zeichen in die Luft:
„Man bemerkte", berichtet Kanzler Müller, „daß er genau Interpunktionszeichen setzte, und den Anfangsbuchstaben erkannte man deutlich für ein großes W ..." *(GA 23, S. 865)*
Dasselbe berichtet der gleichfalls an Goethes Sterbebett anwesende Arzt des Dichters Karl Vogel:

„Kurz vor seinem Ende machte er Bewegungen mit der Hand, als ob er schriebe. Mit Bestimmtheit habe ich zweimal den Buchstaben W erkannt. Mir schienen alle seine Äußerungen, sowohl durch Worte als durch Gebärden, während der letzten drei Stunden seines Lebens unbewußt." *(GA 23, S. 866)*

Daß mit dem W der Anfangsbuchstabe des Wortes Wein gemeint war, läßt sich nicht beweisen. Es so zu verstehen wäre aber nicht abwegig, wenn man bedenkt, daß Goethe ja im Wein etwas Lebenserhaltendes, eine Medizin von lindernder Kraft gesehen hat, der er erst recht in seinem Endzustand zu bedürfen glaubte.

So weist ein Albumblatt Goethes vom 17. Mai 1817 an Dr. med. Eduard Löbenstein-Löbel darauf hin, daß Goethe dessen Werk: „Die Anwendung und Wirkung der Weine in lebensgefährlichen Krankheiten, und deren Verfälschungen", Leipzig 1816, gekannt und geschätzt hat.[1]

Wein – Symbol der Lebensfreude

Lyrische Kleinodien

*Genreszene (Ausschnitt); im Hintergrund ein Ofen;
vorn zwei Weinflaschen und ein Glas. 1773*

Hingesunken alten Träumen
Buhlst mit Rosen, sprichst mit Bäumen,
Statt der Mädchen, statt der Weisen;
Können das nicht löblich preisen,
Kommen deshalb die Gesellen,
Sich zur Seite dir zu stellen,
Finden, dir und uns zu dienen,
Pinsel, Farbe, Wein im Grünen.

(GA 2, S. 55)

Die stille Freude wollt ihr stören?
Laßt mich bei meinem Becher Wein;
Mit andern kann man sich belehren,
Begeistert wird man nur allein.

(GA 2, S. 55)

Herbstgefühl

Fetter grüne, du Laub,
Am Rebengeländer
Hier mein Fenster herauf!
Gedrängter quellet,
Zwillingsbeeren, und reifet

Schneller und glänzend voller!
Euch brütet der Mutter Sonne
Scheideblick, euch umsäuselt
Des holden Himmels
Fruchtende Fülle;
Euch kühlet des Mondes
Freundlicher Zauberhauch,
Und euch betauen, ach!
Aus diesen Augen
Der ewig belebenden Liebe
Vollschwellende Tränen.

(GA 1, S. 60)

Der König in Thule

Es war ein König in Thule
Gar treu bis an das Grab,
Dem sterbend seine Buhle
Einen goldnen Becher gab.

Es ging ihm nichts darüber,
Er leert' ihn jeden Schmaus;
Die Augen gingen ihm über,
Sooft er trank daraus.

Und als er kam zu sterben,
Zählt' er seine Städt' im Reich,
Gönnt' alles seinen Erben,
Den Becher nicht zugleich.

Er saß beim Königsmahle,
Die Ritter um ihn her,
Auf hohem Vätersaale,
Dort auf dem Schloß am Meer.

Dort stand der alte Zecher,
Trank letzte Lebensglut,
Und warf den heilgen Becher
Hinunter in die Flut.

Er sah ihn stürzen, trinken
Und sinken tief ins Meer.
Die Augen täten ihm sinken;
Trank nie einen Tropfen mehr.

(GA 1, S. 118)

Der Sänger

Was hör ich draußen vor dem Tor,
Was auf der Brücke schallen?
Laß den Gesang vor unserm Ohr
Im Saale widerhallen!
Der König sprachs, der Page lief;
Der Knabe kam, der König rief:
Laßt mir herein den Alten!

Gegrüßet seid mir, edle Herrn,
Gegrüßt ihr, schöne Damen!
Welch reicher Himmel! Stern bei Stern!
Wer kennet ihre Namen?
Im Saal voll Pracht und Herrlichkeit
Schließt, Augen, euch; hier ist nicht Zeit,
Sich staunend zu ergetzen.

Der Sänger drückt' die Augen ein
Und schlug in vollen Tönen;
Die Ritter schauten mutig drein,
Und in den Schoß die Schönen.
Der König, dem das Lied gefiel,
Ließ, ihn zu ehren für sein Spiel,
Eine goldne Kette holen.

Die goldne Kette gib mir nicht,
Die Kette gib den Rittern,
Vor deren kühnem Angesicht
Der Feinde Lanzen splittern;
Gib sie dem Kanzler, den du hast,
Und laß ihn noch die goldne Last
Zu andern Lasten tragen.

Ich singe, wie der Vogel singt,
Der in den Zweigen wohnet;
Das Lied, das aus der Kehle dringt,
Ist Lohn, der reichlich lohnet.
Doch darf ich bitten, bitt ich eins:
Laß mir den besten Becher Weins
In purem Golde reichen.

Er setzt' ihn an, er trank ihn aus:
O Trank voll süßer Labe!
O wohl dem hochbeglückten Haus,
Wo das ist kleine Gabe!
Ergehts euch wohl, so denkt an mich,
Und danket Gott so warm, als ich
Für diesen Trunk euch danke.

(GA 1, S. 112f.)

Der Schatzgräber

Arm am Beutel, krank am Herzen,
Schleppt ich meine langen Tage.
Armut ist die größte Plage,
Reichtum ist das höchste Gut!
Und, zu enden meine Schmerzen,
Ging ich, einen Schatz zu graben.
Meine Seele sollst du haben!
Schrieb ich hin mit eignem Blut.

Und so zog ich Kreis' um Kreise,
Stellte wunderbare Flammen,
Kraut und Knochenwerk zusammen:
Die Beschwörung war vollbracht.
Und auf die gelernte Weise
Grub ich nach dem alten Schatze
Auf dem angezeigten Platze;
Schwarz und stürmisch war die Nacht.

Und ich sah ein Licht von weiten,
Und es kam gleich einem Sterne
Hinten aus der fernsten Ferne,
Eben als es Zwölfe schlug.
Und da galt kein Vorbereiten:

Heller wards mit einem Male
Von dem Glanz der vollen Schale,
Die ein schöner Knabe trug.

Holde Augen sah ich blinken
Unter dichtem Blumenkranze;
In des Trankes Himmelsglanze
Trat er in den Kreis herein.
Und er hieß mich freundlich trinken;
Und ich dacht: es kann der Knabe
Mit der schönen lichten Gabe
Wahrlich nicht der Böse sein.

Trinke Mut des reinen Lebens!
Dann verstehst du die Belehrung,
Kommst, mit ängstlicher Beschwörung,
Nicht zurück an diesen Ort.
Grabe hier nicht mehr vergebens:
Tages Arbeit! Abends Gäste!
Saure Wochen! Frohe Feste!
Sei dein künftig Zauberwort.

(GA 1, S. 125f.)

Gewohnt, Getan

Ich habe geliebet, nun lieb ich erst recht!
Erst war ich der Diener, nun bin ich der Knecht.
Erst war ich der Diener von allen;
Nun fesselt mich diese scharmante Person,
Sie tut mir auch alles zur Liebe, zum Lohn,
Sie kann nur allein mir gefallen.

Ich habe geglaubet, nun glaub ich erst recht!
Und geht es auch wunderlich, geht es auch schlecht,
Ich bleibe beim gläubigen Orden:
So düster es oft und so dunkel es war
In drängenden Nöten, in naher Gefahr,
Auf einmal ists lichter geworden.

Ich habe gespeiset, nun speis ich erst gut!
Bei heiterem Sinne, mit fröhlichem Blut
Ist alles an Tafel vergessen.
Die Jugend verschlingt nur, dann sauset sie fort;
Ich liebe, zu tafeln am lustigen Ort,
Ich kost und ich schmecke beim Essen.

Ich habe getrunken, nun trink ich erst gern!
Der Wein, er erhöht uns, er macht uns zum
    Herrn
Und löset die sklavischen Zungen.
Ja, schonet nur nicht das erquickende Naß:
Denn schwindet der älteste Wein aus dem Faß,
So altern dagegen die jungen.

Ich habe getanzt und dem Tanze gelobt,
Und wird auch kein Schleifer, kein Walzer
    getobt,
So drehn wir ein sittiges Tänzchen.
Und wer sich der Blumen recht viele verflicht,
Und hält auch die ein und die andere nicht,
Ihm bleibet ein munteres Kränzchen.

Drum frisch nur aufs neue! Bedenke dich nicht:
Denn wer sich die Rosen, die blühenden, bricht,
Den kitzeln fürwahr nur die Dornen.
So heute wie gestern, es flimmert der Stern;
Nur halte von hängenden Köpfen dich fern
Und lebe dir immer von vornen.

(GA 1, S. 88f.)

„... in geschliffener Flasche den hochfarbigen Wein ..."

Erinnerungen

Exlibris für den Gastwirt Christian Gottlob Schönkopf, 1768.

Der Goethesche Weinberg vor dem Friedberger Tor

In „Dichtung und Wahrheit", Viertes Buch, erwähnt Goethe bei der Schilderung seiner Jugendzeit in Frankfurt a. M. auch die Weinberge, die sein Vater vor den Toren der Stadt besaß, und die Atmosphäre der für die Gegend so charakteristischen Weinlesefeste. (GA 10, S. 173f.)

Da seine [des mit Goethe befreundeten Malers J. A. B. Nothnagel] Wohnung nahe am Eschenheimer Tore lag, so führte mich, wenn ich ihn besucht hatte, mein Weg gewöhnlich zur Stadt hinaus und zu den Grundstücken welche mein Vater vor den Toren besaß. Das eine war ein großer Baumgarten, dessen Boden als Wiese benutzt wurde, und worin mein Vater das Nachpflanzen der Bäume und was sonst zur Erhaltung diente, sorgfältig beobachtete, obgleich das Grundstück verpachtet war. Noch mehr Beschäftigung gab ihm ein sehr gut unterhaltener Weinberg vor dem Friedberger Tore, woselbst zwischen den Reihen der Weinstöcke Spargelreihen mit großer Sorgfalt gepflanzt und gewartet wurden. Es verging in der guten Jahreszeit fast kein Tag, daß nicht mein Vater sich hinaus begab, da wir ihn denn meist begleiten durften, und so von den ersten Erzeugnissen des Frühlings bis zu den letzten des Herbstes Genuß und Freude hatten. Wir lernten nun auch mit den Gartengeschäften umgehen, die, weil sie sich jährlich wiederholten, uns endlich ganz bekannt und geläufig wurden. Nach mancherlei Früchten des Sommers und Herbstes war aber doch zuletzt die Weinlese das Lustigste und am meisten Erwünschte; ja es ist keine Frage, daß wie der Wein selbst den Orten und Gegenden, wo er wächst und getrunken wird, einen freiern Charakter gibt, so auch diese Tage der Weinlese, indem sie den Sommer schließen und zugleich den Winter eröffnen, eine unglaubliche Heiterkeit verbreiten. Lust und Jubel erstreckt sich über eine ganze Gegend. Des Tages hört man von allen Ecken und Enden Jauchzen und Schießen, und des Nachts verkünden bald da bald dort Raketen und Leuchtkugeln, daß man noch überall wach und munter diese Feier gern so lange als möglich ausdehnen möchte. Die nachherigen Bemühungen beim Keltern und während der Gärung im Keller gaben uns auch zu Hause eine heitere Beschäftigung, und so kamen wir gewöhnlich in den Winter hinein ohne es recht gewahr zu werden.

Dieser ländlichen Besitzungen erfreuten wir uns im Frühling 1763 um so mehr, als uns der 15. Februar dieses Jahrs, durch den Abschluß des Hubertusburger Friedens, zum festlichen Tage geworden, unter dessen glücklichen Folgen der größte Teil meines Lebens verfließen sollte.

Im Weingarten von „Hermann und Dorothea"

Die Erinnerung an den oben geschilderten elterlichen Weinberg war Vorbild für die anschauliche, detailreiche Beschreibung des Weingartens in Goethes Epos „Hermann und Dorothea", niedergeschrieben 1796/1797. Auch hier beginnt „an der Mauer des Städtchens" das Rebengelände; die Mutter durcheilt es auf der Suche nach ihrem Sohn Hermann. (GA 3, S. 188f.)

                                                Die Mutter
Ging indessen, den Sohn erst vor dem Hause zu
    suchen,
Auf der steinernen Bank, wo sein gewöhnlicher
    Sitz war.
Als sie daselbst ihn nicht fand, so ging sie, im
    Stalle zu schauen,
Ob er die herrlichen Pferde, die Hengste, selber
    besorgte,
Die er als Fohlen gekauft und die er niemand
    vertraute.
Und es sagte der Knecht: Er ist in den Garten
    gegangen.
Da durchschritt sie behende die langen doppel-
    ten Höfe,
Ließ die Ställe zurück und die wohlgezimmerten
    Scheunen,
Trat in den Garten, der weit bis an die Mauern
    des Städtchens
Reichte, schritt ihn hindurch, und freute sich
    jegliches Wachstums,
Stellte die Stützen zurecht, auf denen beladen
    die Äste
Ruhten des Apfelbaums, wie des Birnbaums
    lastende Zweige,

Nahm gleich einige Raupen vom kräftig strotzen-
   den Kohl weg;
Denn ein geschäftiges Weib tut keine Schritte
   vergebens.
Also war sie ans Ende des langen Gartens
   gekommen,
Bis zur Laube mit Geisblatt bedeckt; nicht fand
   sie den Sohn da,
Ebensowenig als sie bis jetzt ihn im Garten
   erblickte.
Aber nur angelehnt war das Pförtchen, das aus
   der Laube,
Aus besonderer Gunst, durch die Mauer des
   Städtchens gebrochen
Hatte der Ahnherr einst, der würdige
   Burgemeister.
Und so ging sie bequem den trocknen Graben
   hinüber,
Wo an der Straße sogleich der wohlumzäunete
   Weinberg
Aufstieg steileren Pfads, die Fläche zur Sonne
   gekehret.
Auch den schritt sie hinauf, und freute der Fülle
   der Trauben

Sich im Steigen, die kaum sich unter den Blättern verbargen.
Schattig war und bedeckt der hohe mittlere Laubgang,
Den man auf Stufen erstieg von unbehauenen Platten.
Und es hingen herein Gutedel und Muskateller,
Rötlich blaue daneben von ganz besonderer Größe,
Alle mit Fleiße gepflanzt, der Gäste Nachtisch zu zieren.
Aber den übrigen Berg bedeckten einzelne Stöcke,
Kleinere Trauben tragend, von denen der köstliche Wein kommt;
Also schritt sie hinauf, sich schon des Herbstes erfreuend
Und des festlichen Tags, an dem die Gegend im Jubel
Trauben lieset und tritt, und den Most in die Fässer versammelt,
Feuerwerke des Abends von allen Orten und Enden
Leuchten und knallen, und so der Ernten schönste geehrt wird.

Doch unruhiger ging sie, nachdem sie dem
  Sohne gerufen
Zwei- auch dreimal, und nur das Echo vielfach
  zurückkam ...

Gäste im Goethehaus zu Frankfurt

Eine genaue Schilderung von Geselligkeit, einschließlich des Stellenwerts von Wein und Weinkeller im Elternhaus in Frankfurt a. M., bringt Goethe anläßlich der Beschreibung des Besuches der Grafen Christian und Friedrich Leopold zu Stolberg (Mai 1775), mit denen er seine erste Schweizreise antrat. Er gibt dabei die launige Weinrede wieder, die er vor den Gästen und den Eltern hielt. („Dichtung und Wahrheit", Achtzehntes Buch, GA 10, S. 784ff.)

Um diese Zeit meldeten sich die Grafen Stolberg an, die, auf einer Schweizerreise begriffen, bei uns einsprechen wollten. Ich war durch das früheste Auftauchen meines Talents im Göttinger Musenalmanach mit ihnen und sämtlichen jungen Männern, deren Wesen und Wirken bekannt genug ist, in ein gar freundliches Verhältnis geraten. Zu der damaligen Zeit hatte man sich ziemlich wunderliche Begriffe von Freundschaft und Liebe gemacht. Eigentlich war es eine lebhafte Jugend, die sich gegeneinander aufknöpfte und ein talentvolles aber ungebildetes Innere hervorkehrte. Einen solchen Bezug gegeneinander, der freilich wie Vertrauen aussah, hielt man für Liebe, für wahrhafte Neigung; ich betrog mich darin so gut wie die andern, und habe davon viele Jahre auf mehr als eine Weise gelitten. Es ist noch ein Brief von Bürgern aus jener Zeit vorhanden, woraus zu ersehen ist, daß von sittlich Ästhetischem unter diesen Gesellen keineswegs die Rede war. Jeder fühlte sich aufgeregt und glaubte gar wohl hiernach handeln und dichten zu dürfen.

Die Gebrüder kamen an, Graf Haugwitz mit ihnen. Von mir wurden sie mit offener Brust empfangen, mit gemütlicher Schicklichkeit. Sie wohnten im Gasthofe, waren zu Tische jedoch meistens bei uns. Das erste heitere Zusammensein zeigte sich höchst erfreulich; allein gar bald traten exzentrische Äußerungen hervor.

Zu meiner Mutter machte sich ein eigenes Verhältnis. Sie wußte in ihrer tüchtigen graden Art sich gleich ins Mittelalter zurückzusetzen, um als Aja bei irgendeiner lombardischen oder byzantinischen Prinzessin angestellt zu sein.

Nicht anders als Frau Aja ward sie genannt, und sie gefiel sich in dem Scherze und ging so eher in die Phantastereien der Jugend mit ein, als sie schon in Götz von Berlichingens Hausfrau ihr Ebenbild zu erblicken glaubte.

Doch hiebei sollte es nicht lange bleiben; denn man hatte nur einige Male zusammen getafelt, als schon nach ein und der andern genossenen Flasche Wein der poetische Tyrannenhaß zum Vorschein kam, und man nach dem Blute solcher Wütriche lechzend sich erwies. Mein Vater schüttelte lächelnd den Kopf; meine Mutter hatte in ihrem Leben kaum von Tyrannen gehört, doch erinnerte sie sich in Gottfrieds Chronik dergleichen Unmenschen in Kupfer abgebildet gesehen zu haben: den König Kambyses, der in Gegenwart des Vaters das Herz des Söhnchens mit dem Pfeil getroffen zu haben triumphiert, wie ihr solches noch im Gedächtnis geblieben war. Diese und ähnliche aber immer heftiger werdende Äußerungen ins Heitere zu wenden, verfügte sie sich in ihren Keller, wo ihr von den ältesten Weinen wohlunterhaltene große Fässer verwahrt lagen. Nicht geringere befanden sich daselbst als die Jahrgänge 1706, 19, 26, 48 von ihr selbst gewartet und gepflegt, selten und nur bei feierlich bedeutenden Gelegenheiten angesprochen.

Indem sie nun in geschliffener Flasche den hochfarbigen Wein hinsetzte, rief sie aus: „Hier ist das wahre Tyrannenblut! Daran ergötzt euch, aber alle Mordgedanken laßt mir aus dem Hause!"

Ja wohl Tyrannenblut! rief ich aus; keinen größeren Tyrannen gibt es, als den, dessen Herzblut man euch vorsetzt. Labt euch daran, aber mäßig! denn ihr müßt befürchten, daß er euch durch Wohlgeschmack und Geist unterjoche. Der Weinstock ist der Universaltyrann, der ausgerottet werden sollte; zum Patron sollten wir deshalb den heiligen Lykurgus, den Thrazier, wählen und verehren; er griff das fromme Werk kräftig an, aber, vom betörenden Dämon Bacchus verblendet und verdorben, verdient er in der Zahl der Märtyrer obenan zu stehen.

Dieser Weinstock ist der allerschlimmste Tyrann, zugleich Heuchler, Schmeichler und Gewaltsamer. Die ersten Züge seines Blutes munden euch, aber ein Tropfen lockt den andern unaufhaltsam nach; sie folgen sich wie eine Perlenschnur, die man zu zerreißen fürchtet.

Wenn ich hier, wie die besten Historiker getan, eine fingierte Rede statt jener Unterhaltung einzuschieben in Verdacht geraten könnte, so darf ich den Wunsch aussprechen, es möchte gleich ein Geschwindschreiber diese Peroration aufgefaßt und uns überliefert haben. Man würde die Motive genau dieselbigen und den Fluß der Rede vielleicht anmutiger und einladender finden. Überhaupt fehlt dieser gegenwärtigen Darstellung im ganzen die weitläufige Redseligkeit und Fülle einer Jugend, die sich fühlt und nicht weiß, wo sie mit Kraft und Vermögen hinaus soll.

Beim Sankt-Rochus-Fest zu Bingen

In Goethes kleiner autobiographischer Schrift „Sankt-Rochus-Fest zu Bingen. Am 16. August 1814" findet sich eine Passage, die besonders anschaulich die Gepflogenheiten bei Festen in dieser Gegend schildert.

„... in geschliffener Flasche den hochfarbigen Wein ..." 51

Vom 29. Juli bis 11. September 1814 hatte Goethe einen Badeaufenthalt in Wiesbaden genommen. Von dort aus unternahm er am 15. August in Gesellschaft des Komponisten Karl Friedrich Zelter und des Wiesbadener Oberbergrats Ludwig Wilhelm Cramer eine Wagenfahrt nach Büdesheim, übernachtete da und fuhr am nächsten Tag, mit dem Boot den Rhein überquerend, nach Bingen, um an dem Fest des Heiligen Rochus, des Schutzheiligen gegen die Pest, teilzunehmen. Dieses fand auf dem Rochusberg oberhalb Bingen statt, nahe der St.-Rochus-Kapelle, die vor Jahren von den Franzosen während des Kriegs und der Besetzung demoliert, vor kurzem aber wiederhergestellt worden war und nun neu eingeweiht wurde. Dort auf dem Festplatz erreichten die Feierlichkeiten ihren Höhepunkt in geselligem Zusammensein. Goethe und seine Begleiter saßen mitten unter der zahlreichen fröhlichen Volksmenge, die auf den St.-Rochus-Berg gewallfahrtet war. Bemerkenswert ist dabei auch die Predigt des Weihbischofs über den Mißbrauch des Weins und die Wertschätzung des „Eilfers", des Jahrhundertweins vom Jahrgang 1811.

(GA 12, S. 483ff.)

Alles drängte sich nun gegen die Kapelle und strebte zu derselben hinein. Wir, durch die Woge seitwärts geschoben, verweilten im Freien, um an der Rückseite des Hügels der weiten Aussicht zu genießen, die sich in das Tal eröffnet, in welchem die Nahe ungesehen heranschleicht. Hier beherrscht ein gesundes Auge die mannigfaltigste fruchtbarste Gegend, bis zu dem Fuße des Donnersbergs, dessen mächtiger Rücken den Hintergrund majestätisch abschließt.

Nun wurden wir aber sogleich gewahr, daß wir uns dem Lebensgenusse näherten. Gezelte, Buden, Bänke, Schirme aller Art standen hier aufgereiht. Ein willkommener Geruch gebratenen Fettes drang uns entgegen. Beschäftigt fanden wir eine junge tätige Wirtin, umgehend einen glühenden weiten Aschenhaufen, frische Würste – sie war eine Metzgerstochter – zu braten. Durch eigenes Handreichen und vieler flinker Diener unablässige Bemühung wußte sie einer solchen Masse von zuströmenden Gästen genug zu tun. Auch wir, mit fetter dampfender Speise nebst frischem trefflichem Brot reichlich versehen, bemühten uns, Platz an einem geschirmten, langen, schon besetzten Tische zu nehmen. Freundliche Leute rückten zusammen, und wir erfreuten uns angenehmer Nachbarschaft, ja liebenswürdiger Gesellschaft, die von dem Ufer der Nahe zu dem erneuten Fest gekommen war. Muntere Kinder tranken Wein wie die Alten. Braune Krüglein, mit weißem Namenszug des Heiligen rundeten im Familienkreise. Auch wir hatten dergleichen angeschafft und setzten sie wohlgefüllt vor uns nieder. Da ergab sich nun der große Vorteil solcher Volksversammlung, wenn, durch irgendein höheres Interesse, aus einem großen weitschichtigen Kreise, so viele einzelne Strahlen nach einem Mittelpunkt gezogen werden.

Hier unterrichtet man sich auf einmal von mehreren Provinzen. Schnell entdeckte der Mineralog Personen, welche, bekannt mit der Gebirgsart von Oberstein, den Achaten daselbst und ihrer Bearbeitung, dem Naturfreunde belehrende Unterhaltung gaben. Der Quecksilberminen zu Moschel-Landsberg erwähnte man gleichfalls. Neue Kenntnisse taten sich auf, und man faßte Hoffnung, schönes kristallisiertes Amalgam von dorther zu erhalten.

Der Genuß des Weins war durch solche Gespräche nicht unterbrochen. Wir sendeten unsere leeren Gefäße zu dem Schenken, der uns ersuchen ließ Geduld zu haben, bis die vierte Ohm angesteckt sei. Die dritte war in der frühen Morgenstunde schon verzapft.

Niemand schämt sich der Weinlust, sie rühmen sich einigermaßen des Trinkens. Hübsche Frauen gestehen, daß ihre Kinder mit der Mutterbrust zugleich Wein genießen. Wir fragten, ob denn wahr sei, daß es geistlichen Herren, ja Kurfürsten geglückt, acht rheinische Maß, das heißt sechzehn unserer Bouteillen, in vierundzwanzig Stunden zu sich zu nehmen?

Ein scheinbar ernsthafter Gast bemerkte: man dürfe sich, zu Beantwortung dieser Frage, nur der Fastenpredigt ihres Weihbischofs erinnern, welcher, nachdem er das schreckliche Laster der Trunkenheit seiner Gemeinde mit den stärksten Farben dargestellt, also geschlossen habe:

„Ihr überzeugt euch also hieraus, andächtige, zu Reu' und Buße schon begnadigte Zuhörer, daß derjenige die größte Sünde begehe, welcher die herrlichen Gaben Gottes solcherweise mißbraucht. Der Mißbrauch aber schließt den Gebrauch nicht aus. Stehet doch geschrieben: der Wein erfreuet des Menschen Herz! Daraus erhellet, daß wir, uns und andere zu erfreuen, des Weines gar wohl genießen können und sollen. Nun ist aber unter meinen männlichen Zuhörern vielleicht keiner, der nicht zwei Maß Wein zu sich nähme, ohne deshalb gerade einige Verwirrung seiner Sinne zu spüren; wer jedoch bei dem dritten oder vierten Maß Wein schon so arg in Vergessenheit seiner selbst gerät, daß er Frau und Kinder verkennt, sie mit Schelten, Schlägen und Fußtritten verletzt und seine Geliebtesten als die ärgsten Feinde behandelt, der gehe sogleich in sich und unterlasse ein solches Übermaß, welches ihn mißfällig macht Gott und Menschen, und seinesgleichen verächtlich.

Wer aber bei dem Genuß von vier Maß, ja von fünfen und sechsen, noch dergestalt sich selbst gleich bleibt, daß er seinem Nebenchristen liebevoll unter die Arme greifen mag, dem Hauswesen vorstehen kann, ja die Befehle geistlicher und weltlicher Obern auszurichten sich imstande findet, auch der genieße sein bescheiden Teil, und nehme es mit Dank dahin. Er hüte sich aber, ohne besondere Prüfung weiter zu gehen, weil hier gewöhnlich dem schwachen Menschen ein Ziel gesetzt ward. Denn der Fall ist äußerst selten, daß der grundgütige Gott jemanden die besondere Gnade verleiht acht Maß trinken zu dürfen, wie er mich, seinen Knecht, gewürdigt hat. Da mir nun aber nicht nachgesagt werden kann, daß ich in ungerechtem Zorn auf irgend jemand losgefahren sei, daß ich Hausgenossen und Anverwandte mißkannt, oder wohl gar die mir obliegenden geistlichen Pflichten und Geschäfte verabsäumt hätte, vielmehr ihr alle mir das Zeugnis geben werdet, wie ich immer bereit bin, zu Lob und Ehre Gottes, auch zu Nutz und Vorteil meines Nächsten mich tätig finden zu lassen: so darf ich wohl mit gutem Gewissen und mit Dank dieser anvertrauten Gabe mich auch fernerhin erfreuen.

Und ihr, meine andächtigen Zuhörer, nehme ein jeder, damit er nach dem Willen des Gebers am Leibe erquickt, am Geiste erfreut werde, sein bescheiden Teil dahin. Und, auf daß ein solches geschehe, alles Übermaß dagegen verbannt sei, handelt sämtlich nach der Vorschrift des heiligen Apostels, welcher spricht: Prüfet alles und das Beste behaltet."

Und so konnte es denn nicht fehlen, daß der Hauptgegenstand alles Gesprächs der Wein blieb, wie er es gewesen. Da erhebt sich denn sogleich ein Streit über den Vorzug der verschiedenen Gewächse, und hier ist erfreulich zu sehen, daß die Magnaten unter sich keinen Rangstreit haben. Hochheimer, Johannisberger, Rüdesheimer lassen einander gelten, nur unter den Göttern minderen Ranges herrscht Eifersucht und Neid. Hier ist denn besonders der sehr beliebte Aßmannshäuser Rote vielen Anfechtungen unterworfen. Einen Weinbergsbesitzer von Oberingelheim hört' ich behaupten: der ihrige gebe jenem wenig nach. Der Eilfer solle köstlich gewesen sein; davon sich jedoch kein Beweis führen lasse, weil er schon ausgetrunken sei. Dies wurde von den Beisitzenden gar sehr gebilligt, weil man rote Weine gleich in den ersten Jahren genießen müsse.

Nun rühmte dagegen die Gesellschaft von der Nahe einen in ihrer Gegend wachsenden Wein, der Monzinger genannt. Er soll sich leicht und angenehm wegtrinken, aber doch, ehe man sich's versieht, zu Kopfe steigen. Man lud uns darauf ein. Er war zu schön empfohlen, als daß wir nicht gewünscht hätten, in so guter Gesellschaft, und wäre es mit einiger Gefahr, ihn zu kosten und uns an ihm zu prüfen.

Auch unsere braunen Krüglein kamen wiederum gefüllt zurück, und als man die heiteren weißen Namenszüge des Heiligen überall so wohltätig beschäftigt sah, mußte man sich fast schämen die Geschichte desselben nicht genau zu wissen, ob man gleich sich recht gut erinnerte, daß er, auf alles irdische Gut völlig verzichtend, bei Wartung von Pestkranken auch sein Leben nicht in Anschlag gebracht habe.

Nun erzählte die Gesellschaft, dem Wunsche gefällig, jene anmutige Legende, und zwar um die Wette, Kinder und Eltern sich einander einhelfend.

Hier lernte man das eigentliche Wesen der Sage kennen, wenn sie von Mund zu Mund, von Ohr zu Ohr wandelt. Widersprüche kamen nicht vor, aber unendliche Unterschiede, welche daher entspringen mochten, daß jedes Gemüt einen andern Anteil an der Begebenheit und den einzelnen Vorfällen genommen, wodurch denn ein Umstand bald zurückgesetzt, bald hervorgehoben, nicht weniger die verschiedenen Wanderungen, sowie der Aufenthalt des Heiligen an verschiedenen Orten verwechselt wurde.

„Und das Wohl der ganzen Welt ..."

Trinklieder

Goethes Gartenhaus von der Rückseite. 1779/1780

Bundeslied

In allen guten Stunden,
Erhöht von Lieb und Wein,
Soll dieses Lied verbunden
Von uns gesungen sein!
Uns hält der Gott zusammen,
Der uns hierher gebracht.
Erneuert unsre Flammen,
Er hat sie angefacht.

So glühet fröhlich heute,
Seid recht von Herzen eins!
Auf, trinkt erneuter Freude
Dies Glas des echten Weins!
Auf, in der holden Stunde
Stoßt an und küsset treu,
Bei jedem neuen Bunde,
Die alten wieder neu!

Wer lebt in unserm Kreise,
Und lebt nicht selig drin?
Genießt die freie Weise
Und treuen Brudersinn!
So bleibt durch alle Zeiten

Herz Herzen zugekehrt;
Von keinen Kleinigkeiten
Wird unser Bund gestört.

Uns hat ein Gott gesegnet
Mit freiem Lebensblick,
Und alles, was begegnet,
Erneuert unser Glück.
Durch Grillen nicht gedränget,
Verknickt sich keine Lust;
Durch Zieren nicht geenget,
Schlagt freier unsre Brust.

Mit jedem Schritt wird weiter
Die rasche Lebensbahn,
Und heiter, immer heiter
Steigt unser Blick hinan.
Uns wird es nimmer bange,
Wenn alles steigt und fällt,
Und bleiben lange, lange!
Auf ewig so gesellt.

(GA 1, S. 83f.)

Tischlied

Mich ergreift, ich weiß nicht wie,
Himmlisches Behagen.
Will michs etwa gar hinauf
Zu den Sternen tragen?
Doch ich bleibe lieber hier,
Kann ich redlich sagen,
Beim Gesang und Glase Wein
Auf den Tisch zu schlagen.

Wundert euch, ihr Freunde, nicht,
Wie ich mich gebärde;
Wirklich ist es allerliebst
Auf der lieben Erde:
Darum schwör ich feierlich
Und ohn alle Fährde,
Daß ich mich nicht freventlich
Wegbegeben werde.

Da wir aber allzumal
So beisammen weilen,
Dächt ich, klänge der Pokal
Zu des Dichters Zeilen.
Gute Freunde ziehen fort,

Wohl ein hundert Meilen,
Darum soll man hier am Ort
Anzustoßen eilen.

Lebe hoch, wer Leben schafft!
Das ist meine Lehre.
Unser König denn voran,
Ihm gebührt die Ehre.
Gegen inn- und äußern Feind
Setzt er sich zur Wehre;
Ans Erhalten denkt er zwar,
Mehr noch, wie er mehre.

Nun begrüß ich sie sogleich,
Sie, die einzig Eine.
Jeder denke ritterlich
Sich dabei die Seine.
Merket auch ein schönes Kind,
Wen ich eben meine,
Nun, so nicke sie mir zu:
Leb auch so der Meine!

Freunden gilt das dritte Glas,
Zweien oder dreien,
Die mit uns am guten Tag

Sich im stillen freuen
Und der Nebel trübe Nacht
Leis und leicht zerstreuen;
Diesen sei ein Hoch gebracht,
Alten oder neuen.

Breiter wallet nun der Strom,
Mit vermehrten Wellen.
Leben jetzt im hohen Ton
Redliche Gesellen!
Die sich mit gedrängter Kraft
Brav zusammen stellen
In des Glückes Sonnenschein
Und in schlimmen Fällen.

Wie wir nun zusammen sind,
Sind zusammen viele.
Wohl gelingen denn, wie uns,
Andern ihre Spiele!
Von der Quelle bis ans Meer
Mahlet manche Mühle,
Und das Wohl der ganzen Welt
Ists, worauf ich ziele.

(GA 1, S. 86ff.)

Vanitas! Vanitatum Vanitas!

Ich hab mein Sach auf Nichts gestellt.
    Juchhe!
Drum ists so wohl mir in der Welt.
    Juchhe!
Und wer will mein Kamerade sein,
Der stoße mit an, der stimme mit ein
Bei dieser Neige Wein.

Jch stellt mein Sach auf Geld und Gut.
    Juchhe!
Darüber verlor ich Freud und Mut.
    O weh!
Die Münze rollte hier und dort,
Und hascht ich sie an einem Ort,
Am andern war sie fort.

Auf Weiber stellt ich nun mein Sach.
    Juchhe!
Daher mir kam viel Ungemach.
    O weh!
Die Falsche sucht' sich ein ander Teil,
Die Treue macht' mir Langeweil,
Die Beste war nicht feil.

Ich stellt mein Sach auf Reis' und Fahrt.
    Juchhe!
Und ließ meine Vaterlandesart.
    O weh!
Und mir behagt' es nirgends recht,
Die Kost war fremd, das Bett war schlecht,
Niemand verstand mich recht.

Ich stellt mein Sach auf Ruhm und Ehr.
    Juchhe!
Und sieh! gleich hatt ein andrer mehr.
    O weh!
Wie ich mich hatt hervorgetan,
Da sahen die Leute scheel mich an,
Hatte keinem recht getan.

Jetzt setzt mein Sach auf Kampf und Krieg.
    Juchhe!
Und uns gelang so mancher Sieg.
    Juchhe!
Wir zogen in Feindes Land hinein,
Dem Freunde sollts nicht viel besser sein,
Und ich verlor ein Bein.

Nun hab ich mein Sach auf Nichts gestellt.
    Juchhe!
Und mein gehört die ganze Welt.
    Juchhe!
Zu Ende geht nun Sang und Schmaus.
Nur trinkt mir alle Neigen aus;
Die letzte muß heraus!

(GA 1, S. 93f.)

Rechenschaft

Der Meister

Frisch! der Wein soll reichlich fließen!
Nichts Verdrießlichs weh uns an!
Sage, willst du mitgenießen,
Hast du deine Pflicht getan?

Einer

Zwei recht gute junge Leute
Liebten sich nur gar zu sehr,
Gestern zärtlich, wütend heute,
Morgen wär es noch viel mehr;

Senkte sie hier das Genicke,
Dort zerrauft er sich das Haar;
Alles bracht ich ins Geschicke,
Und sie sind ein glücklich Paar.

Chor

Sollst uns nicht nach Weine lechzen!
Gleich das volle Glas heran!
Denn das Ächzen und das Krächzen
Hast du heut schon abgetan.

Einer

Warum weinst du, junge Waise?
„Gott! ich wünschte mir das Grab;
Denn mein Vormund, leise, leise,
Bringt mich an den Bettelstab."
Und ich kannte das Gelichter,
Zog den Schacher vor Gericht,
Streng und brav sind unsre Richter,
Und das Mädchen bettelt nicht.

Chor

Sollst uns nicht nach Weine lechzen!
Gleich das volle Glas heran!
Denn das Ächzen und das Krächzen
Hast du heut schon abgetan.

Einer

Einem armen kleinen Kegel,
Der sich nicht besonders regt,
Hat ein ungeheurer Flegel
Heute grob sich aufgelegt.
Und ich fühlte mich ein Mannsen,
Ich gedachte meiner Pflicht,
Und ich hieb dem langen Hansen
Gleich die Schmarre durchs Gesicht.

Chor

Sollst uns nicht nach Weine lechzen!
Gleich das volle Glas heran!
Denn das Ächzen und das Krächzen
Hast du heut schon abgetan.

Einer

Wenig hab ich nur zu sagen:
Denn ich habe nichts getan.
Ohne Sorgen, ohne Plagen
Nahm ich mich der Wirtschaft an;
Doch ich habe nichts vergessen,
Ich gedachte meiner Pflicht:
Alle wollten sie zu essen,
Und an Essen fehlt' es nicht.

Chor

Sollst uns nicht nach Weine lechzen!
Gleich das volle Glas heran!
Denn das Ächzen und das Krächzen
Hast du heut schon abgetan.

Einer

Einer wollte mich erneuen,
Macht' es schlecht: verzeih mir Gott!
Achselzucken, Kümmereien!
Und er hieß ein Patriot.

Ich verfluchte das Gewäsche,
Rannte meinen alten Lauf.
Narre! wenn es brennt, so lösche,
Hats gebrannt, bau wieder auf!

Chor

Sollst uns nicht nach Weine lechzen!
Gleich das volle Glas heran!
Denn das Ächzen und das Krächzen
Hast du heut schon abgetan.

Meister

Jeder möge so verkünden,
Was ihm heute wohlgelang!
Das ist erst das rechte Zünden,
Daß entbrenne der Gesang.
Keinen Druckser hier zu leiden,
Sei ein ewiges Mandat!
Nur die Lumpe sind bescheiden,
Brave freuen sich der Tat.

Chor

Keiner soll nach Weine lechzen!
Gleich das volle Glas heran!
Denn das Ächzen und das Krächzen
Haben wir nun abgetan.

Drei Stimmen

Heiter trete jeder Sänger,
Hochwillkommen, in den Saal:
Denn nur mit dem Grillenfänger
Halten wirs nicht liberal;
Fürchten hinter diesen Launen,
Diesem ausstaffierten Schmerz,
Diesen trüben Augenbrauen
Leerheit oder schlechtes Herz.

Chor

Niemand soll nach Weine lechzen!
Doch kein Dichter soll heran,
Der das Ächzen und das Krächzen
Nicht zuvor hat abgetan!

(GA 1, S. 98ff.)

Ergo bibamus

Hier sind wir versammelt zu löblichem Tun,
  Drum, Brüderchen! Ergo bibamus.
Die Gläser sie klingen, Gespräche sie ruhn,
  Beherziget Ergo bibamus.
Das heißt noch ein altes, ein tüchtiges Wort,
Es passet zum ersten und passet so fort,
Und schallet ein Echo vom festlichen Ort,
  Ein herrliches Ergo bibamus!

Ich hatte mein freundliches Liebchen gesehn,
  Da dacht ich mir: Ergo bibamus.
Und nahte mich traulich, da ließ sie mich stehn;
  Ich half mir und dachte: Bibamus.
Und wenn sie versöhnet euch herzet und küßt,
Und wenn ihr das Herzen und Küssen vermißt,
So bleibet nur, bis ihr was Besseres wißt,
  Beim tröstlichen Ergo bibamus.

Mich ruft das Geschick von den Freunden hinweg;
  Ihr Redlichen! Ergo bibamus.
Ich scheide von hinnen mit leichtem Gepäck,
  Drum doppeltes Ergo bibamus.

Und was auch der Filz von dem Leibe sich
schmorgt,
So bleibt für den Heitern doch immer gesorgt,
Weil immer dem Frohen der Fröhliche borgt;
    Drum, Brüderchen! Ergo bibamus.

Was sollen wir sagen zum heutigen Tag?
    Ich dächte nur: Ergo bibamus.
Er ist nun einmal von besonderem Schlag,
    Drum immer aufs neue: Bibamus.
Er führet die Freude durchs offene Tor,
Es glänzen die Wolken, es teilt sich der Flor,
Da leuchtet ein Bildchen, ein göttliches, vor;
    Wir klingen und singen: Bibamus.

(GA 1, S. 101f.)

Reisen zu Dionysos

Erlebnis Weinlandschaften

Rovereto an der Etsch. 1786

Im Tal von Bozen

Goethes autobiographischer Bericht „Italienische Reise" schildert des Dichters Aufenthalt in Italien vom September 1786 bis Juni 1788. Die Hinreise – in Eilfahrten mit der Postkutsche – führte von Karlsbad über Bozen, den Gardasee und Vicenza nach Venedig, wo er seinen ersten längeren Aufenthalt nahm. Beeindruckt zeigt er sich, als er bei Tagesanbruch vom Wagen aus die ersten Rebhügel des Südens erblickt.

(Aus: GA 11, S. 25ff.: Im Tal von Bozen, und S. 55f.: In Venetien)

Trient, den 11. September, früh [1786]
... Die Sonne ließ sich wieder blicken, die Luft war leidlich, ich packte ein, und um sieben Uhr fuhr ich weg. Die Atmosphäre ward über die Wolken Herr und der Abend gar schön.
Der Postillon schlief ein, und die Pferde liefen den schnellsten Trab bergunter, immer auf dem bekannten Wege fort; kamen sie an ein eben Fleck, so ging es desto langsamer. Der Führer wachte auf und trieb wieder an, und so kam ich

sehr geschwind, zwischen hohen Felsen, an dem reißenden Eisack hinunter. Der Mond ging auf und beleuchtete ungeheuere Gegenstände. Einige Mühlen zwischen uralten Fichten über dem schäumenden Strom waren völlige Everdingen ...
In Mittewald punkt zwölf Uhr fand ich alles in tiefem Schlafe, außer dem Postillon, und so ging es weiter auf Brixen, wo man mich wieder gleichsam entführte, so daß ich mit dem Tage in Kollmann ankam. Die Postillons fuhren, daß einem Sehen und Hören verging, und so leid es mir tat, diese herrlichen Gegenden mit der entsetzlichsten Schnelle und bei Nacht wie im Fluge zu durchreisen, so freuete es mich doch innerlich, daß ein günstiger Wind hinter mir herblies und mich meinen Wünschen zujagte. Mit Tagesanbruch erblickte ich die ersten Rebhügel. Eine Frau mit Birnen und Pfirschen begegnete mir, und so ging es auf Teutschen los, wo ich um sieben Uhr ankam und gleich weiter befördert wurde. Nun erblickte ich endlich bei hohem Sonnenschein, nachdem ich wieder eine Weile westwärts gefahren war, das Tal, worin Bozen liegt. Von steilen, bis auf eine ziemliche Höhe angebauten Bergen umgeben, ist es gegen Mit-

tag offen, gegen Norden von den Tiroler Bergen gedeckt. Eine milde sanfte Luft füllte die Gegend. Hier wendet sich die Eisack wieder gegen Mittag. Die Hügel am Fuße der Berge sind mit Wein bebaut. Über lange niedrige Lauben sind die Stöcke gezogen, die blauen Trauben hängen gar zierlich von der Decke herunter und reifen an der Wärme des nahen Bodens. Auch in der Fläche des Tals, wo sonst nur Wiesen sind, wird der Wein in solchen eng aneinander stehenden Reihen von Lauben gebaut, dazwischen das türkische Korn, das nun immer höhere Stengel treibt. Ich habe es oft zu zehn Fuß hoch gesehen. Die zaselige männliche Blüte ist noch nicht abgeschnitten, wie es geschieht, wenn die Befruchtung eine Zeitlang vorbei ist.

Bei heiterm Sonnenschein kam ich nach Bozen. Die vielen Kaufmannsgesichter freuten mich beisammen. Ein absichtliches wohlbehagliches Dasein drückt sich recht lebhaft aus. Auf dem Platze saßen Obstweiber mit runden flachen Körben, über vier Fuß im Durchmesser, worin die Pfirschen nebeneinander lagen, daß sie sich nicht drücken sollten. Ebenso die Birnen ....

Abends um fünf Uhr reiste ich ab; wieder das

Schauspiel von gestern abend, und die Heuschrecken, die gleich bei Sonnenuntergang zu schrillen anfangen. Wohl eine Meile weit fährt man zwischen Mauern, über welche sich Traubengeländer sehen lassen; andere Mauern, die nicht hoch genug sind, hat man mit Steinen, Dornen und sonst zu erhöhen gesucht, um das Abrupfen der Trauben den Vorbeigehenden zu wehren. Viele Besitzer bespritzen die vordersten Reihen mit Kalk, der die Trauben ungenießbar macht, dem Wein aber nichts schadet, weil die Gärung alles wieder heraustreibt.

In Venetien

Vicenza, den 19. September [1786]
Der Weg von Verona hieher ist sehr angenehm, man fährt nordostwärts an den Gebirgen hin und hat die Vorderberge, die aus Sand, Kalk, Ton, Mergel bestehen, immer linkerhand; auf den Hügeln, die sie bilden, liegen Orte, Schlösser, Häuser. Rechts verbreitet sich die weite Fläche, durch die man fährt. Der gerade, gut unterhaltene, breite Weg geht durch fruchtbares Feld, man

blickt in tiefe Baumreihen, an welchen die Reben in die Höhe gezogen sind, die sodann, als wären es luftige Zweige, herunter fallen. Hier kann man sich eine Idee von Festonen bilden! Die Trauben sind zeitig und beschweren die Ranken, die lang und schwankend niederhängen. Der Weg ist voll Menschen aller Art und Gewerbes, besonders freuten mich die Wagen mit niedrigen tellerartigen Rädern, die, mit vier Ochsen bespannt, große Kufen hin und wider führen, in welchen die Weintrauben aus den Gärten geholt und gestampft werden. Die Führer standen, wenn sie leer waren, drinnen, es sah einem bacchischen Triumphzug ganz ähnlich. Zwischen den Weinreihen ist der Boden zu allerlei Arten Getreide, besonders zu Türkischkorn und Sörgel benutzt.

Kommt man gegen Vicenza, so steigen wieder Hügel von Norden nach Süden auf, sie sind vulkanisch, sagt man, und schließen die Ebene. Vicenza liegt an ihrem Fuße und, wenn man will, in einem Busen, den sie bilden.

Von Wiesbaden nach Rüdesheim

Im Herbst 1814 unternahm Goethe mit Freunden von Wiesbaden aus, wohin er zu einem Kuraufenthalt gereist war (vgl. S. 51), Fahrten in das Rheingau. In den Gegenden, die er passiert, gilt seine fachkundige Beobachtung immer wieder dem Weinbau.
  (Aus „Sankt-Rochus-Fest zu Bingen", GA 12, S. 470ff.)

Schön und gefährlich erscheint die Lage von Walluf, unter einem Rheinbusen, wie auf einer Landzunge. Durch reich befruchtete, sorgfältig unterstützte Obstbäume hindurch sah man Schiffe segeln, lustig, doppelt begünstigt, stromabwärts.
Auf das jenseitige Ufer wird das Auge gezogen; wohlgebaute, große, von fruchtbaren Gauen umgebene Ortschaften zeigen sich, aber bald muß der Blick wieder herüber: in der Nähe steht eine Kapellenruine, die, auf grüner Matte, ihre mit Efeu begrünten Mauern wundersam reinlich, einfach und angenehm erhebt. Rechts nun schieben Rebhügel sich völlig an den Weg heran.

In dem Städtchen Walluf tiefer Friede, nur die Einquartierungskreide an den Haustüren noch nicht ausgelöscht. Weiterhin erscheint Weinbau zu beiden Seiten. Selbst auf flachem, wenig abhängigem Boden wechseln Rebstöcke und Kornfelder, entferntere Hügel rechts ganz bedeckt von Rebgeländern.

Und so, in freier, umhügelter, zuletzt nordwärts von Bergen umkränzter Fläche liegt Ellfeld, gleichfalls nah am Rheine, gegenüber einer großen bebauten Aue. Die Türme einer alten Burg sowie der Kirche deuten schon auf eine größere Landstadt, die sich auch inwendig, durch ältere, architektonisch verzierte Häuser und sonst auszeichnet.

Die Ursachen, warum die ersten Bewohner dieser Ortschaften sich an solchen Plätzen angesiedelt, auszumitteln, würde ein angenehmes Geschäft sein. Bald ist es ein Bach, der von der Höhe nach dem Rhein fließt, bald günstige Lage zum Landen und Ausladen, bald sonst irgend eine örtliche Bequemlichkeit.

Man sieht schöne Kinder und erwachsen wohlgebildete Menschen, alle haben ein ruhiges, keineswegs ein hastiges Ansehen. Lustfuhren und

Lustwandler begegneten uns fleißig, letztere öfters mit Sonnenschirmen. Die Tageshitze war groß, die Trockenheit allgemein, der Staub höchst beschwerlich.
Unter Ellfeld liegt ein neues, prächtiges, von Kunstgärten umgebenes Landhaus. Noch sieht man Fruchtbau auf der Fläche links, aber der Weinbau vermehrt sich. Orte drängen sich, Höfe fügen sich dazwischen, so daß sie, hintereinander gesehen, sich zu berühren scheinen.
Alles dieses Pflanzenleben der Flächen und Hügel gedeiht in einem Kiesboden, der, mehr oder weniger mit Leimen gemischt, den in die Tiefe wurzelnden Weinstock vorzüglich begünstigt. Die Gruben, die man zu Überschüttung der Heerstraße ausgegraben, zeigen auch nichts anders.
Erbach ist, wie die übrigen Orte, reinlich gepflastert, die Straßen trocken, die Erdgeschosse bewohnt und, wie man durch die offenen Fenster sehen kann, reinlich eingerichtet. Abermals folgt ein palastähnliches Gutsgebäude, die Gärten erreichen den Rhein, köstliche Terrassen und schattige Lindengänge durchschaut man mit Vergnügen.

Der Rhein nimmt hier einen andern Charakter an; es ist nur ein Teil desselben, die vorliegende Aue beschränkt ihn und bildet einen mäßigen, aber frisch und kräftig strömenden Fluß. Nun rücken die Rebhügel der rechten Seite ganz an den Weg heran, von starken Mauern getragen, in welchen eine vertiefte Blende die Aufmerksamkeit an sich zieht. Der Wagen hält still, man erquickt sich an einem reichlich quellenden Röhrwasser; dieses ist der Marktbrunnen, von welchem der auf der Hügelstrecke gewonnene Wein seinen Namen hat.

Die Mauer hört auf, die Hügel verflachen sich, ihre sanften Seiten und Rücken sind mit Weinstöcken überdrängt. Links Fruchtbäume. Nah am Fluß Weidichte, die ihn verstecken.

Durch Hattenheim steigt die Straße; auf der hinter dem Ort erreichten Höhe ist der Lehmenboden weniger kiesig. Von beiden Seiten Weinbau, links mit Mauern eingefaßt, rechts abgeböscht. Reichardtshausen, ehemaliges Klostergut, jetzt der Herzogin von Nassau gehörig. Die letzte Mauerecke durchbrochen, zeigt einen anmutig beschatteten Akaziensitz.

Reiche sanfte Fläche auf der fortlaufenden

Höhe, dann aber zieht sich die Straße wieder an den Fluß, der bisher tief und entfernt gelegen. Hier wird die Ebene zu Feld- und Gartenbau benutzt, die mindeste Erhöhung zu Wein. Östrich in einiger Entfernung vom Wasser, auf ansteigendem Boden, liegt sehr anmutig: denn hinter dem Orte ziehen sich die Weinhügel bis an den Fluß, und so fort bis Mittelheim, wo sich der Rhein in herrlicher Breite zeigt. Langenwinkel folgt unmittelbar; den Beinamen des Langen verdient es, ein Ort bis zur Ungeduld der Durchfahrenden in die Länge gezogen, Winkelhaftes läßt sich dagegen nichts bemerken.

Vor Geisenheim erstreckt sich ein flaches niederes Erdreich bis an den Strom, der es wohl noch jetzt bei hohem Wasser überschwemmt; es dient zu Garten- und Kleebau. Die Aue im Fluß, das Städtchen am Ufer ziehen sich schön gegeneinander, die Aussicht jenseits wird freier. Ein weites hüglichtes Tal bewegt sich zwischen zwei ansteigenden Höhen gegen den Hunsrück zu.

Wie man sich Rüdesheim nähert, wird die niedere Fläche links immer auffallender, und man faßt den Begriff, daß in der Urzeit, als das Gebirge bei Bingen noch verschlossen gewesen, das hier aufgehaltene zurückgestauchte Wasser diese Niederung ausgeglichen, und endlich, nach und nach ablaufend und fortströmend, das jetzige Rheinbett daneben gebildet habe.

Und so gelangten wir in weniger als viertehalb Stunden nach Rüdesheim, wo uns der Gasthof zur Krone, unfern des Tores anmutig gelegen, sogleich anlockte.

Er ist an einen alten Turm angebaut, und läßt aus den vordern Fenstern rheinabwärts, aus der Rückseite rheinaufwärts blicken; doch suchten wir bald das Freie. Ein vorspringender Steinbau ist der Platz, wo man die Gegend am reinsten überschaut. Flußaufwärts sieht man von hier die bewachsenen Auen, in ihrer ganzen perspektivischen Schönheit. Unterwärts am gegenseitigen Ufer Bingen, weiter hinabwärts den Mäuseturm im Flusse.

Im Rheingau Herbsttage

Als „Supplement des Rochusfestes" (vgl. S. 50f.) ließ Goethe die Schrift „Im Rheingau Herbsttage" erscheinen (daraus die nachstehenden Stellen). Er widmete sie der Familie Brentano, in deren

Landhaus in dem Städtchen Winkel am Rhein er von 1. bis 8. September 1814 zu Gast war. Von dort aus machte er Ausflüge in die umliegenden Weinorte. (GA 12, S. 505ff.)

Den 3. September
Der steile Fußpfad nach Rüdesheim hinab führt durch die herrlichsten Weinberge, welche mit ihrem lebhaften Grün in regelmäßigen Reihen, wie mit wohlgewirkten Teppichen, manche sich an- und übereinander drängende Hügel bekleiden ...

Den 5. September
... Wir fuhren durch die Weinberge hinabwärts, ließen Kempten links und gelangten auf die neue treffliche Chaussee, an deren beiden Seiten ein leicht zu bearbeitender Boden gesehen wird. Da wir nach Oberingelheim verlangten, so verließen wir die Straße und fuhren rechts auf einem sandigen Boden durch junge Kieferwäldchen; sanfte Anhöhen zeigten schon besseres Erdreich; endlich trafen wir Weinberge und gelangten nach Oberingelheim. Dieses Örtchen liegt an einer Anhöhe, an deren Fuß ein Wasser, die Selz genannt, hinfließt.

In dem reinlichen wohlgepflasterten Orte sind wenig Menschen zu sehen. Zu oberst liegt ein altes, durchaus verfallenes, weitläufiges Schloß, in dessen Bezirk eine noch gebrauchte, aber schlecht erhaltene Kirche. Zur Revolutionszeit meißelte man die Wappen von den Rittergräbern. Die Kirche ist protestantisch.

Ein wunderbarer Gebrauch war zu bemerken. Auf den Häuptern der steinernen Ritterkolossen sah man bunte leichte Kronen von Draht, Papier und Band, turmartig zusammengeflochten. Dergleichen standen auch auf Gesimsen, große beschriebene Papierherzen daran gehängt. Wir erfuhren, daß es zum Andenken verstorbener unverheirateter Personen geschehe. Diese Totengedächtnisse waren der einzige Schmuck des Gebäudes.

Wir begaben uns in ein Weinhaus und fanden einen alten Wirt, der, ungeachtet seines kurzen Atems, uns von guten und bösen Zeiten zu unterhalten nicht ermangelte. Die beiden Ingelheime gehörten zu einem Landesstrich, den man die acht Ortschaften nannte, welche seit uralten Zeiten große Privilegien genossen. Die Abgaben waren gering, bei schöner Fruchtbarkeit. Unter französischer Botmäßigkeit hatte man große Lasten zu tragen.

Man baute sonst hier nur weißen Wein, nachher aber, Nachahmung und Nacheiferung von Aßmannshausen, auch roten; man rühmte dessen Vorzüge, ob man uns gleich mit keinem roten Elfer mehr dienen konnte; wir ließen uns daher den weißen genannten Jahres wohl schmecken.

Als wir nach Weinheim zurück ans Ufer kamen und nach einem Kahn verlangten, erboten sich zwei Knaben uns überzufahren. Man zeigte einiges Mißtrauen gegen ihre Jugend, sie versicherten aber besser zu sein als die Alten, auch brachten sie uns schnell und glücklich ans rechte Ufer.

Den 6. September
... Man zeigte mir am Rheine zwischen einem Weidicht den Ort, wo Fräulein von Günderode sich entleibt. Die Erzählung dieser Katastrophe an Ort und Stelle, von Personen, welche in der Nähe gewesen und teilgenommen, gab das unangenehme Gefühl, was ein tragisches Lokal jederzeit erregt. Wie man Eger nicht betreten kann, ohne daß die Geister Wallensteins und seiner Gefährten uns umschweben.

Von diesen tragischen Gefühlen wurden wir befreit, indem wir uns nach den Gewerben des Lebens erkundigten ...
Weinbau. Mühe dabei. Vorteile, Gewinn, Verlust. Anno 1811 wurden in Winkel achthundert Stück Wein gebaut. Großer Ertrag des Zehnten. Die Güte des Weins hängt von der Lage ab, aber auch von der spätern Lese. Hierüber liegen die Armen und die Reichen beständig im Streite; jene wollen viel, diese guten Wein. Man behauptet, es gäbe um den Johannisberg bessere Lagen; weil aber jener, als eingeschlossener Bezirk, seine Weinlese ungehindert verspäten könne, daher komme die größere Güte des Erzeugnisses. In den Gemeindebezirken werden die Weinberge einige Zeit vor der Lese geschlossen, auch der Eigentümer darf nicht hinein. Will er Trauben, so muß er einen verpflichteten Mann zum Zeugen rufen.
Und so hätten wir denn abermals mit dem glücklichen Rundworte geschlossen:

> Am Rhein! am Rhein!
> Da wachsen unsre Reben!

Arkadien

In den folgenden Versen (aus „Faust" II, 3), welche die mythische Verwandlung und Auflösung der trojanischen Mädchen in die ewig lebende Natur, in Bäume, Bäche und – in dem Abschnitt „Ein vierter Teil" – in einen Weinberg im Peloponnes schildern, spiegeln sich Goethes Unsterblichkeitsvorstellungen. Zu Eckermann sagt er unter dem 29. Januar 1827: „Auf den Gedanken, daß der Chor [die Mädchen] nicht wieder in die Unterwelt hinabwill, sondern auf der heiteren Oberfläche der Erde sich den Elementen zuwirft, tue ich mir wirklich etwas zugute." Eckermann antwortet: „Es ist eine neue Art von Unsterblichkeit." (GA 24, S. 224; der folgende Text aus „Faust": GA 5, S. 458ff.)

Ein Teil des Chors:

Wir in dieser tausend Äste Flüsterzittern, Säuselschweben
Reizen tändlend, locken leise wurzelauf des Lebens Quellen

Nach den Zweigen; bald mit Blättern, bald mit
  Blüten überschwenglich
Zieren wir die Flatterhaare frei zu luftigem
  Gedeihn.
Fällt die Frucht, sogleich versammeln lebens-
  lustig Volk und Herden
Sich zum Greifen, sich zum Naschen, eilig kom-
  mend, emsig drängend,
Und wie vor den ersten Göttern bückt sich alles
  um uns her.

Ein anderer Teil:

Wir, an dieser Felsenwände weithinleuchtend-
  glattem Spiegel
Schmiegen wir, in sanften Wellen und bewegend,
  schmeichelnd an;
Horchen, lauschen jedem Laute, Vogelsängen,
  Röhrigflöten,
Sei es Pans furchtbarer Stimme: Antwort ist
  sogleich bereit.
Säuselts, säuseln wir erwidernd, donnerts, rollen
  unsre Donner
In erschütterndem Verdoppeln dreifach, zehn-
  fach hinten nach.

Ein dritter Teil:

Schwestern, wir, bewegtern Sinnes, eilen mit den
    Bächen weiter;
Denn es reizen jener Ferne reichgeschmückte
    Hügelzüge.
Immer abwärts, immer tiefer wässern wir,
    mäandrisch wallend,
Jetzt die Wiese, dann die Matten, gleich den
    Garten um das Haus.
Dort bezeichnens der Zypressen schlanke
    Wipfel, über Landschaft,
Uferzug und Wellenspiegel nach dem Äther
    steigende.

Ein vierter Teil

Wallt ihr andern, wo's beliebet: wir umzingeln,
    wir umrauschen
Den durchaus bepflanzten Hügel, wo am Stab
    die Rebe grünt;
Dort zu aller Tage Stunden läßt die Leidenschaft
    des Winzers
Uns des liebevollsten Fleißes zweifelhaft
    Gelingen sehn.

Bald mit Hacke, bald mit Spaten, bald mit
  Häufeln, Schneiden, Binden
Betet er zu allen Göttern, fördersamst zum
  Sonnengott.
Bacchus kümmert sich, der Weichling, wenig
  um den treuen Diener,
Ruht in Lauben, lehnt in Höhlen, faselnd mit
  dem jüngsten Faun.
Was zu seiner Träumereien halbem Rausch er je
  bedurfte,
Immer bleibt es ihm in Schläuchen, ihm in Krü-
  gen und Gefäßen,
Rechts und links der kühlen Grüfte, ewige Zeiten
  aufbewahrt.
Haben aber alle Götter, hat nun Helios vor
  allen,
Lüftend, feuchtend, wärmend, glutend, Beeren-
  füllhorn aufgehäuft,
Wo der stille Winzer wirkte, dort auf einmal
  wirds lebendig,
Und es rauscht in jedem Laube, raschelt um von
  Stock zu Stock.
Körbe knarren, Eimer klappern, Tragebutten
  ächzen hin,

Alles nach der großen Kufe zu der Keltrer kräftgem Tanz.
Und so wird die heilige Fülle reingeborner, saftiger Beeren
Frech zertreten: schäumend, sprühend mischt sichs, widerlich zerquetscht.
Und nun gellt ins Ohr der Zimbeln mit der Becken Erzgetöne;
Denn es hat sich Dionysos aus Mysterien enthüllt,
Kommt hervor mit Ziegenfüßlern, schwenkend Ziegenfüßlerinnen,
Und dazwischen schreit unbändig grell Silenus öhrig Tier.
Nichts geschont! Gespaltne Klauen treten alle Sitte nieder,
Alle Sinne wirbeln taumlig, gräßlich übertäubt das Ohr.
Nach der Schale tappen Trunkne, überfüllt sind Kopf und Wänste;
Sorglich ist noch ein- und andrer, doch vermehrt er die Tumulte:
Denn um neuen Most zu bergen, leert man rasch den alten Schlauch!

„Herrliches Gefühl der Gegenwart"

Das Schenkenbuch

Weinbauernhaus, im Vordergrund Kübel mit Bäumchen und an einer Hausmauer eine zum Trocknen umgestülpte Bütte. 1815.

„Das Schenkenbuch" (entstanden zwischen 1814 und 1818) ist Teil von Goethes Spätwerk „Der west-östliche Divan", das unter dem Eindruck seiner leidenschaftlichen Beziehung zu der dreißigjährigen Marianne Willemer geschrieben wurde. Marianne, die selbst einige Gedichte des „Divan" verfaßt hat, verbirgt sich darin unter dem Namen Suleika, der Dichter nennt sich gelegentlich Hatem. Der „Divan", eines der geheimnisvollsten Bücher Goethes – auch was die Beziehung zum Wein betrifft – wurde unter anderem wegen seiner Angleichungen an orientalische Formen (Hafis) lange Zeit mißverstanden. (GA 3, S. 371ff.)

> Ja, in der Schenke hab ich auch gesessen,
> Mir ward wie andern zugemessen,
> Sie schwatzten, schrieen, händelten von heut,
> So froh und traurig wie's der Tag gebeut;
> Ich aber saß, im Innersten erfreut,
> An meine Liebste dacht ich – wie sie liebt?
> Das weiß ich nicht; was aber mich bedrängt!
> Ich liebe sie wie es ein Busen gibt,
> Der treu sich einer gab und knechtisch hängt.
> Wo war das Pergament, der Griffel wo,
> Die alles faßten? – doch so war's! ja so!

Sitz ich allein,
Wo kann ich besser sein?
Meinen Wein
Trink ich allein,
Niemand setzt mir Schranken,
Ich hab so meine eignen Gedanken.

—

So weit bracht es Muley, der Dieb,
Daß er trunken schöne Lettern schrieb.

—

Ob der Koran von Ewigkeit sei?
Darnach frag ich nicht!
Ob der Koran geschaffen sei?
Das weiß ich nicht!
Daß er das Buch der Bücher sei
Glaub ich aus Mosleminenpflicht.
Daß aber der Wein von Ewigkeit sei
Daran zweifl ich nicht;
Oder daß er vor den Engeln geschaffen sei
Ist vielleicht auch kein Gedicht.
Der Trinkende, wie es auch immer sei,
Blickt Gott frischer ins Angesicht.

—

Trunken müssen wir alle sein!
Jugend ist Trunkenheit ohne Wein;
Trinkt sich das Alter wieder zu Jugend,
So ist es wundervolle Tugend.
Für Sorgen sorgt das liebe Leben
Und Sorgenbrecher sind die Reben.

—

Da wird nicht mehr nachgefragt!
Wein ist ernstlich untersagt.
Soll denn doch getrunken sein,
Trinke nur vom besten Wein:
Doppelt wärest du ein Ketzer
In Verdammnis um den Krätzer.

—

Solang man nüchtern ist,
Gefällt das Schlechte;
Wie man getrunken hat,
Weiß man das Rechte;
Nur ist das Übermaß
Auch gleich zu Handen;
Hafis, o lehre mich
Wie du's verstanden!

Denn meine Meinung ist
Nicht übertrieben:

Wenn man nicht trinken kann
Soll man nicht lieben;
Doch sollt ihr Trinker euch
Nicht besser dünken,
Wenn man nicht lieben kann
Soll man nicht trinken.

———

SULEIKA Warum du nur oft so unhold bist?
HATEM Du weißt, daß der Leib ein Kerker ist;
Die Seele hat man hinein betrogen;
Da hat sie nicht freie Ellebogen.
Will sie sich da- und dorthin retten,
Schnürt man den Kerker selbst in Ketten,
Da ist das Liebchen doppelt gefährdet,
Deshalb sie sich oft so seltsam gebärdet.

———

Wenn der Körper ein Kerker ist,
Warum nur der Kerker so durstig ist?
Seele befindet sich wohl darinnen
Und bliebe gern vergnügt bei Sinnen;
Nun aber soll eine Flasche Wein,
Frisch eine nach der andern herein.
Seele will's nicht länger ertragen,
Sie an der Türe in Stücke schlagen.

DEM KELLNER

Setze mir nicht, du Grobian,
Mir den Krug so derb vor die Nase!
Wer mir Wein bringt sehe mich
   freundlich an,
Sonst trübt sich der Eilfer im Glase.

DEM SCHENKEN

Du zierlicher Knabe, du komm herein,
Was stehst du denn da auf der Schwelle?
Du sollst mir künftig der Schenke sein,
Jeder Wein ist schmackhaft und helle.

SCHENKE SPRICHT

Du, mit deinen braunen Locken,
Geh mir weg, verschmitzte Dirne!
Schenk ich meinem Herrn zu Danke,
Nun so küßt er mir die Stirne.
Aber du, ich wollte wetten,
Bist mir nicht damit zufrieden,
Deine Wangen, deine Brüste
Werden meinen Freund ermüden.

Glaubst du wohl mich zu betriegen,
Daß du jetzt verschämt entweichest?
Auf der Schwelle will ich liegen
Und erwachen wenn du schleichest.

Sie haben wegen der Trunkenheit
Vielfältig uns verklagt,
Und haben von unsrer Trunkenheit
Lange nicht genug gesagt.
Gewöhnlich der Betrunkenheit
Erliegt man bis es tagt;
Doch hat mich meine Betrunkenheit
In der Nacht umhergejagt.
Es ist die Liebestrunkenheit,
Die mich erbärmlich plagt,
Von Tag zu Nacht, von Nacht zu Tag
In meinem Herzen zagt.
Dem Herzen, das in Trunkenheit
Der Lieder schwillt und ragt,
Daß keine nüchterne Trunkenheit
Sich gleich zu heben wagt.
Lieb-, Lied- und Weines Trunkenheit,
Ob's nachtet oder tagt,
Die göttlichste Betrunkenheit,
Die mich entzückt und plagt.

Du kleiner Schelm du!
Daß ich mir bewußt sei,
Darauf kommt es überall an.
Und so erfreu ich mich
Auch deiner Gegenwart,
Du Allerliebster,
Obgleich betrunken.

—

Was in der Schenke waren heute
Am frühsten Morgen für Tumulte!
Der Wirt und Mädchen! Fackeln, Leute!
Was gab's für Händel, für Insulte!
Die Flöte klang, die Trommel scholl!
Es war ein wüstes Wesen –
Doch bin ich, Lust und Liebe voll,
Auch selbst dabei gewesen.

Daß ich von Sitte nichts gelernt
Darüber tadelt mich ein jeder;
Doch bleib ich weislich weit entfernt
Vom Streit der Schulen und Katheder.

—

SCHENKE Welch ein Zustand! Herr, so späte
Schleichst du heut aus deiner Kammer;
Perser nennen's Bidamag buden,
Deutsche sagen Katzenjammer.

DICHTER Laß mich jetzt, geliebter Knabe,
Mir will nicht die Welt gefallen,
Nicht der Schein, der Duft der Rose,
Nicht der Sang der Nachtigallen.

SCHENKE Eben das will ich behandeln,
Und ich denk es soll mir klecken,
Hier! genieß die frischen Mandeln
Und der Wein wird wieder schmecken.

Dann will ich auf der Terrasse
Dich mit frischen Lüften tränken;
Wie ich dich ins Auge fasse,
Gibst du einen Kuß dem Schenken.

Schau! die Welt ist keine Höhle,
Immer reich an Brut und Nestern,
Rosenduft und Rosenöle;
Bulbul auch, sie singt wie gestern.

—

Jene garstige Vettel,
Die buhlerische,
Welt heißt man sie,
Mich hat sie betrogen
Wie die übrigen alle.
Glaube nahm sie mir weg,
Dann die Hoffnung,
Nun wollte sie
An die Liebe,
Da riß ich aus.
Den geretteten Schatz
Für ewig zu sichern
Teilt ich ihn weislich
Zwischen Suleika und Saki.
Jedes der beiden
Beeifert sich um die Wette
Höhere Zinsen zu entrichten.
Und ich bin reicher als je:
Den Glauben hab ich wieder!
An ihre Liebe den Glauben;
Er, im Becher, gewährt mir
Herrliches Gefühl der Gegenwart;
Was will da die Hoffnung!

Nahbilder

Zeitgenossen berichten

*Christiane und August Goethe im Hausgarten.
Radierung von K. W. Lieber (1821) nach einer
Federzeichnung Goethes (1793)*

Charlotte von Stein
an Fritz von Stein

17. Mai 1796

Gestern war ich in Jena und habe Körners gesehen ... Goethe ist noch immer in Jena, es kam, eben wie ich da war, eine kleine victoria von bronze von Dreßden vor ihn an, er setzte sie am Tisch vor sich und meinte, beym eßen und trincken sey am besten von der Kunst zu sprechen; er nahm auch wircklich an nichts viel weiter Antheil, und zulezt hatte er das Glaß Wein in der einen Hand und die victorie in der andern.

*(Aus: Goethe. Begegnungen und Gespräche.
Hg. v. Renate Grumach. Bd. IV, S. 222, Berlin 1980)*

Prinz Louis Ferdinand von Preußen
an Pauline Wiesel

16. Dez. 1805

Die preußischen Heere rückten in's Feld, doch hielten die siegreichen Fortschritte Napoleons in Österreich die Unterhandlungen noch schwebend. Prinz Louis war bei den nach Sachsen vorgerückten Truppen, und traf mit dem Herzog von Weimar zusammen. Hier sah er auch

Goethe'n wieder, und ließ die Mißstimmung fallen, die er bisher theilweise gegen ihn gehegt. Er schrieb aus Gera hierüber an seine Geliebte [Pauline Wiesel] nach Berlin: „Ich habe nun Goethe'n wirklich kennen gelernt; er ging gestern noch spät mit mir nach Hause, und saß dann vor meinem Bette, wir tranken Champagner und Punsch, und er sprach ganz vortrefflich! Endlich deboutonnirte sich seine Seele; er ließ seinem Geiste freien Lauf; er sagte viel, ich lernte viel, und fand ihn ganz natürlich und liebenswürdig. Grüß heute die Kleine von mir, und sag' ihr dies: dann bin ich ihr gewiß unter Brüdern dreitausend Thaler mehr werth!"

Der Herzog [Carl August] erzählte nach vielen Jahren noch gern von dieser Zusammenkunft; er selber hatte sich früh zurückgezogen, die Andern aber tranken die ganze Nacht, „ungeheuer viel" sagte er, „um die Wette, und Goethe blieb nichts schuldig, er konnte fürchterlich trinken!"

(Aus: Karl August Varnhagen von Ense: Galerie von Bildnissen aus Rahels Umgang und Briefwechsel. 1. Teil, S. 278, Leipzig 1836)

George Henry Lewes

Lewes (1817–1878) kam erst nach Goethes Tod nach Weimar, fand aber bei seinen Forschungen doch noch die Goethesche Atmosphäre vor, so daß sein Bericht (in: Lewes, Goethes Leben und Schriften, Berlin 1857, Bd. 2, S. 222f.) *fast authentischen Charakter hat. Seine Angaben betreffen die Zeit um 1800:*

Erwähnen wir kurz, wie Goethe seinen Tag zu verleben pflegte.
Um sieben Uhr, bisweilen auch früher, nach einem meist gesunden und langen Schlafe, stand er auf; denn wie Thorwaldsen hatte er ein Talent zum Schlafen, welches nur durch sein Talent zur Arbeit übertroffen wurde. Bis elf Uhr arbeitete er ununterbrochen. Dann nahm er eine Tasse Chocolade und arbeitete bis eins. Um zwei Uhr aß er, das war seine Hauptmahlzeit. Sein Appetit war sehr groß; selbst an Tagen, wo er über Mangel an Appetit klagte, aß er viel mehr als die meisten Menschen; Puddings, Kuchen und Süßigkeiten waren ihm immer willkommen. Er liebte es, lange beim Wein zu sitzen, in munte-

rem Geplauder mit diesem oder jenem Freunde, denn er aß nie allein, oder mit einem Schauspieler, der ihm nach Tische seine Rolle vorlesen und seine Anweisungen entgegen nehmen mußte. Den Wein liebte er sehr, täglich trank er seine zwei bis drei Flaschen. Um das nicht übertrieben zu finden, erinnere man sich, daß er als Rheinländer von Jugend auf an Wein gewöhnt war, auch trank er nur den gewöhnlichen leichten Rheinwein und nie mehr, als daß er sich angenehm angeregt fühlte; zur Arbeit und für die Gesellschaft blieb er immer aufgelegt. Während er so stundenlang beim Weine saß, kam Dessert oder dergleichen nie auf seinen Tisch, nicht einmal der übliche Kaffee wurde getrunken. Er lebte höchst einfach; selbst als Leute in sehr bescheidenen Verhältnissen schon Wachskerzen brannten, sah man in seinem Zimmer nur zwei dürftige Talglichte. Des Abends ging er häufig ins Theater, und dort nahm er regelmäßig um sechs Uhr sein Glas Punsch. Wenn er nicht ins Theater ging, so empfing er Freunde bei sich zu Hause. Zwischen acht und neun Uhr wurde ein einfaches Abendessen aufgetragen, doch genoß er selbst nur etwas Salat oder Eingemachtes.

Um zehn Uhr war er gewöhnlich schon im Bett. Besuch erhielt er sehr häufig. Es war die Freude und das Leid seines Ruhms, daß alle Leute, die nach Weimar kamen, ihn zu sehen suchten. Bisweilen waren diese Gäste sehr interessant, öfter jedoch langweilige Quälgeister oder so anspruchsvoll, daß es noch schlimmer war als langweilig. Hatte er angenehmen Besuch, so war er unaussprechlich liebenswürdig; gegen die anderen war er ebenso vornehm und steif. Während daher von einer Seite mit einer Begeisterung über ihn gesprochen wird, wie sie nur ein Genie erregen kann, zeigen sich andere höchst enttäuscht, ja verletzt über seinen Empfang.

Eduard Genast
Aus dem Tagebuche eines alten Schauspielers, 1862–1866

Ich konnte [1833] unmöglich Karlsbad verlassen, ohne die Räume zu sehen, in denen Goethe öfters gewohnt hatte; sie waren vermietet, aber der Inhaber gestattete mir freundlich den Eintritt. Der Salon mit seinen vier Fenstern, von denen zwei nach der Wiese, zwei nach dem Gebirge hinausgingen, erinnerte mich an eine Anekdote von Goethe, die zwar als unwahr angegriffen wird, deren Wahrheit ich aber durchaus nicht bezweifeln kann, da sie Hofrat Rehbein (Goethes Hausarzt) selbst erzählt hat.

Der treue Diener Goethes, Karl, erhält am 27. August [1818] früh Befehl, zwei Flaschen Rotwein nebst zwei Gläsern heraufzubringen und in den obenerwähnten, sich gegenüberliegenden Fenstern aufzustellen. Nachdem dies geschehen, beginnt Goethe seinen Rundgang im Zimmer, wobei er in abgemessenen Zwischenräumen an einem Fenster stehen bleibt, dann am andern, um jedesmal ein Glas zu leeren. Nach einer geraumen Weile tritt Rehbein, der ihn nach Karlsbad begleitet hatte, ein.
Goethe. Ihr seid mir ein schöner Freund! Was für einen Tag haben wir heute und welches Datum?
Rehbein. Den siebenundzwanzigsten August, Exzellenz.
Goethe. Nein, es ist der achtundzwanzigste und mein Geburtstag.

Rehbein. Ach was, den vergesse ich nie; wir haben den siebenundzwanzigsten.
Goethe. Es ist nicht wahr! Wir haben den achtundzwanzigsten.
Rehbein (determiniert). Den siebenundzwanzigsten!
Goethe (klingelt, Karl tritt ein). Was für ein Datum haben wir heute?
Karl. Den siebenundzwanzigsten, Exzellenz.
Goethe. Daß Dich – Kalender her! (Karl bringt den Kalender.)
Goethe (nach langer Pause). Donnerwetter! Da habe ich mich ja umsonst besoffen. – Letzteres konnte für alle, die ihn kannten, nur als eine humoristische Phrase gelten, denn Goethe betrank sich nie.

(Aus: Goethes Gespräche. Hg. von Wolfgang Herwig. Bd. III/1, S. 81f., Zürich 1871)

Bettina von Arnim
an Sophie Brentano

19. Oktober 1824

Abends sechs Uhr in Weimar eingetroffen, Goethe allein in weißem Schlafrock von mir

überrascht, bei einer Karlsbader Wasserflasche und einem eisernen Küchenleuchter. Er unterhielt sich sehr gut bei meiner Beschreibung von Rödelheim ...
Da ich Goethe erzählte, daß man ihn dies Jahr in Winkel erwartet habe, und daß Toni [Brentano geb. von Birkenstock] expreß ein Faß Zweiundzwanziger habe anstecken lassen für ihn, wurde er trocken im Halse und beorderte einen ziemlich trinkbaren Rambaß [leichten Wein], der seine Wirkung nicht verfehlte. Er trank auf die Gesundheit meiner sämtlichen wunderlich liebenswürdigen Familie ...
Hiermit befahl er mich zum Klavier, wo ich ihm die Lieder, die ich von ihm komponiert, vorspielen sollte; der Kammerjungfer befahl er ein paar schönste silberne Leuchter, die in seinem Kabinett, wo er mehrere Gipsbüsten hat, stehen, zu holen; allein diese hielt die Büsten für Geisterköpfe, und wir gingen nun alle drei in Prozession: ich mit dem Licht, Goethe mit dem Weinglas und die Kammerjungfer mit den Leuchtern; es wurden Wachslichter aufgesetzt und gesungen. Zu meiner Mortifikation gefiel ihm das Lied von Maxis komponiert, welches ich ihm auch vor-

sang, am besten; er sagte: Nun, das läßt sich hören; es ist einfach und edel komponiert, und die Melodie prägt sich meinem Gehör ein. Ich mußte es mit allen Versen zweimal singen und für seine Schwiegertochter abschreiben.

20. Oktober 1824

Den Mittwoch blieb ich noch in Weimar: ich machte große Toilette, sah berühmte und berüchtigte Leute nebst vielen Engländern auf dem klassischen Bodenplätzchen Deutschlands. Am Abend war ich wieder bei Goethe allein; wer uns da beobachtete, hätte der Nachwelt was zu erzählen gehabt. Seine Eigentümlichkeit entwickelte sich ganz: erst knurrte er mich an, dann liebkoste er mit den schmeichelhaftesten Worten, um mich wieder gut zu machen. Die Weinflasche hatte er im Nebenzimmer, weil ich ihm Vorwürfe am vorigen Abend gemacht hatte über sein Trinken; er ging unter irgendeinem Vorwand ungefähr sechsmal vom Theater ab, um ein Glas zu trinken. Ich ließ mir nichts merken, aber beim Abschied sagte ich ihm, daß zwölf Gläser Wein ihm nicht schaden würden, und er habe doch am heutigen Abend nur sechs getrunken. Er sagte:

Woher weißt du das so bestimmt? – Ich habe die
Bouteille glucksen hören im Nebenzimmer und
dann das Glas in deine Gurgel, und dann hast du
es mir, wie Salomon im Hohen Liede seiner
Geliebten, mit deinem Atem verraten. Du bist
ein arger Schelm, sagte er; mache, daß du fort-
kommst, und nahm das Licht, um mir hinauszu-
leuchten. Ich aber nahm den Vorsprung und
kniete mich an die Schwelle seines Zimmers:
Nun will ich sehen, ob ich dich einsperren kann
und ob du ein guter oder ein böser Geist bist,
wie die Ratte im Faust; ich küsse diese Schwelle
und segne sie, über die täglich der herrlichste
Menschengeist und mein bester Freund hinaus-
schreitet. Über dich und deine Liebe schreite ich
nicht hinaus, sagte er, die ist mir zu teuer, und
um deinen Geist schleiche ich mich so herum
(indem er das Plätzchen sorgfältig umschritt),
denn du bist sehr pfiffig, und es ist besser, in
gutem Vernehmen mit dir zu sein. Und so entließ
er mich mit Tränen in den Augen; ich blieb noch
vor der Tür im Dunkeln stehen, um meine
Rührung zu verschlucken. Ich überlegte es mir,
daß diese Tür, die ich eben mit eigner Hand
zugemacht hatte, ihn aller Wahrscheinlichkeit

nach auf ewig von mir getrennt habe. Wer ihm nahe ist, kann nur bekennen, daß sein Genie sich zum Teil in Güte aufgelöst habe; das Sonnenfeuer seines Geistes hat sich in mildes Purpurlicht beim Untergang verwandelt. *(GA 23, S. 359ff.)*

Johann Karl Wilhelm Zahn

7. September 1827

Als ich mich zur bestimmten Stunde wieder einstellte, durchschritt ich eine Reihe von Zimmern, die alle mit demselben Kunstgeschmack ausgestattet waren, und trat in den Speisesalon, wo ich Goethe und seine anderen Gäste schon anwesend fand. Da war der Oberbaudirektor Coudray, der Kanzler von Müller und der Leibarzt Vogel ... Ferner sah ich den Professor Riemer, Eckermann und Hofrat Meyer. Alle Gäste und Goethe selber waren im Frack ... Ich saß zwischen Goethe und Fräulein Ulrike von Pogwisch, einem Liebling des Dichters, denn er richtete häufig das Wort an sie und nahm ihre Gegenreden mit offenbarem Wohlgefallen auf. Uns gegenüber saß Frau Ottilie, die Schwiegertochter des Dichters und die Schwester von Ulrike. Ich fand

die Speisen äußerst wohlschmeckend und den
Wein mindestens ebenso gut. Vor jedem Gaste
stand eine Flasche Rot- oder Weißwein. Ich wollte
mir einen klaren Kopf für den Nachtisch
erhalten, weshalb ich Wasser unter meinen Wein
goß. Goethe bemerkte es und äußerte tadelnd:
Wo haben Sie denn diese üble Sitte gelernt? Die
Unterhaltung war eine allgemeine, lebendige und
nie stockende. Goethe leitete sie meisterhaft,
ohne aber jemanden zu beschränken. Um ihn
saßen seine lebenden Lexika, die er bei Gelegenheit
aufrief, denn er mochte sich nicht selber mit
dem Ballast der bloßen Stubengelehrsamkeit
beschweren. Riemer vertrat die Philologie, Meyer
die Kunstgeschichte, und Eckermann entrollte
sich als ein endloser Zitatenknäuel für jedes beliebige
Fach. Dazwischen lauschte er mit eingezogenem
Atem den Worten des Meisters, die
er wie Orakelsprüche sofort auswendigzulernen
schien. Meyer dagegen, den man wegen seiner
schweizerischen Mundart den Kunschtmeyer
nannte, verweilte auf dem Antlitze seines alten
Jugendfreundes mit rührenden Blicken, die ebensoviel
Zärtlichkeit wie Bewunderung ausdrückten
... Das Gespräch verweilte besonders bei Itali-

en und seinen Kunstschätzen. Goethe wußte auch mir die schüchterne, ungelenke Zunge zu lösen und veranlaßte mich, von meinen Studien im Vatikan zu erzählen. Alle erinnerten sich mit Entzücken an Rom und priesen mit Begeisterung seine Herrlichkeit. Nur Fräulein Ulrike glaubte ihrer protestantischen Entrüstung gegen den Papst und seine Regierung Luft machen zu müssen. Der alte Goethe schmunzelte überlegen und reichte der Eiferin einen Zahnstocher hinüber. Räche dich, meine Tochter, mit diesem hier! sprach er launig; wobei ich nicht weiß, ob er bei Überreichung dieser seltsamen Waffe eine Anspielung auf meinen Namen im Sinne hatte. Goethe hatte eine ganze Flasche geleert und schenkte sich noch aus der zweiten ein Glas ein, während man uns schon den Kaffee reichte. Dann erhoben wir uns. Es wurden Tische zusammengeschoben und darüber weiße Tücher gebreitet, worauf ich meine Zeichnungen entrollte und erklärte. Namentlich gefielen: Leda mit dem Nest, daraus Kastor, Pollux und Helena herausgucken; Achilles und Briseis; die Vermählung der Pasithea mit dem Gotte des Schlafes; der thronende Jupiter und der thronende Bacchus – lauter farbige Durchzeichnungen von Pompejanischen Wandgemälden, die man unter einer dreißig Fuß tiefen Asche wieder an die Oberwelt gezogen hatte. Goethe betrachtete jedes Gemälde mit Liebe und Inbrunst und machte dazu die feinsinnigsten, schlagendsten Bemerkungen. Sie waren mir Beweis, wie tief dieser Genius in das Wesen der Kunst und in die Geheimnisse des hellenischen Geistes eingedrungen. Plötzlich erklangen hinter uns straffe Schritte, und als ich mich wandte, erblickte ich einen untersetzten Mann in Feldmütze und kurzem grünsamtnem Jagdrock mit goldenen Schnüren besetzt. Es war der Großherzog, wie ihn Schwerdgeburth in diesem Kostüm und in einem Wagen fahrend so trefflich abgebildet hat. Er war durch den Garten gekommen und durch die Hintertür eingetreten, von der er stets den Schlüssel hatte. Goethe begrüßte ihn mit den charakteristischen Worten: Kommen recht zum Gastmahl, königliche Hoheit! Carl August hatte eine kurze Meerschaumpfeife in der Hand, aus der er, wo's irgend anging, beständig pafftte, aber jetzt ließ er sie ausgehen, denn Goethe verabscheute den Tabak. Auch gab er seinem alten Duzbruder heute das Höflichkeits-Sie.

Es war meine Absicht, am nächsten Tage abzureisen, aber Goethe drang in mich, mindestens noch vierzehn Tage zu verweilen und ihn täglich zu besuchen.

8./10. September 1827

An diesen mir unvergeßlichen Abenden pflegte Goethe besonders gern von seinem Aufenthalt in Italien zu sprechen. ... Rom war dem Dichterfürsten überaus teuer, er kannte darin jedes Gäßchen, jede Winkelschenke, zumal man in letzteren bekanntlich den besten Wein erhält. Ja, sagte er, ich habe meine Zeit gut angewendet, sie nicht mit Visiten vertrödelt, sondern emsig die Stadt und das Volk studiert. Wie habe ich doch in meinen Römischen Elegien gesungen:
Ehret, wen ihr auch wollt! Nun bin ich endlich
         geborgen!
 Schöne Damen und ihr, Herren der feineren
           Welt! ...
Nun entdeckt ihr mich nicht so bald in
         meinem Asyle,
 Das mir Amor, der Fürst, königlich
        schützend, verlieh.

Kennen Sie auch die Osteria alla Campana? fragte er weiter. – Die Weinschenke zur Glocke? Gewiß. Wir deutschen Künstler haben noch im vorigen Jahre Ihren Geburtstag dortselbst gefeiert. – Ist der Falerner noch immer gut? – Vortrefflich! – Und was liefert die Küche? – Ah, man erhält Stuffato, eine Art Schmorbraten, Maccaroni und ein Gebackenes, das sie Fritti nennen. – Es ist noch alles wie zu meiner Zeit! sagte Goethe und schmunzelte behaglich. Dann fuhr er fort: In dieser Osteria hatte ich meinen gewöhnlichen Verkehr. Hier traf ich die Römerin, die mich zu den Elegien begeisterte. In Begleitung ihres Oheims kam sie hierher, und unter den Augen des guten Mannes verabredeten wir unsere Zusammenkünfte, indem wir den Finger in den verschütteten Wein tauchten und die Stunde auf den Tisch schrieben. Erinnern Sie sich wohl: Hier stand unser Tisch ... *(GA 23, S. 506 ff.)*

„Und noch schöner von heut an seid mir
    gegrüßet, ihr Schenken,
Osterien, wie euch schicklich der Römer
    benennt;
Denn ihr zeigtet mir heute die Liebste,
    begleitet vom Oheim,

Den die Gute so oft, mich zu besitzen, betriegt.
Hier stand unser Tisch, den Deutsche ver-
                            traulich umgaben;
Drüben suchte das Kind neben der Mutter
                            den Platz,
Rückte vielmals die Bank und wußt es artig
                            zu machen,
Daß ich halb ihr Gesicht, völlig den Nacken
                            gewann.
Lauter sprach sie, als hier die Römerin pfleget,
                            kredenzte,
Blickte gewendet nach mir, goß und verfehlte
                            das Glas.
Wein floß über den Tisch, und sie, mit zierlichem
                            Finger,
Zog auf dem hölzernen Blatt Kreise der
                            Feuchtigkeit hin.
Meinen Namen verschlang sie dem ihrigen;
                            immer begierig
Schaut ich dem Fingerchen nach, und sie
                            bemerkte mich wohl.
Endlich zog sie behende das Zeichen der
                            römischen Fünfe
Und ein Strichlein davor. Schnell, und sobald
                            ichs gesehn,

Schlang sie Kreise durch Kreise, die Lettern
                    und Ziffern zu löschen;
    Aber die köstliche *Vier* blieb mir ins Auge
                                geprägt."
                            (GA 3, S. 175)

                        8./18. September 1827
An einem Tage, als ich wieder bei Goethe speiste, erschien eine Deputation der Armbrustschützengilde, welche schon seit dreihundert Jahren in Weimar besteht, und lud die Exzellenz, wie sie's alljährlich zu tun pflegte, feierlichst zu ihrem Feste ein. Goethe hatte diese Einladung bisher immer ausgeschlagen, aber diesmal nahm er sie nach einigem Besinnen an, was allgemein überraschte. Gut! erklärte er, er werde kommen, aber Zahn muß mit. Goethe war immer ein Glückskind. Auch bei diesem Feste traf er mit der Armbrust das Zentrum, worauf wir uns auf dem Schützenplatze zu einem brillanten Frühstück niedersetzten. Goethe war überaus heiter und lud zu einem solennen Diner ein. Eine große Gesellschaft war versammelt, und der edle Wein floß in Strömen. Mit innigem Behagen sah

er einen nach dem andern matt werden und
kläglich abfallen. Ihm allein konnte der Wein
nichts anhaben ...

Die schönsten Stunden, die ich mit Goethe verlebte, waren einige Abende, an denen wir ganz allein waren. Dann führte er mich in das Allerheiligste, in sein überaus schlicht möbliertes Arbeitszimmer, das aber eine gewählte Handbibliothek enthielt. Eine größere war in einem besonderen Saale aufgestellt. Dann sah ich den großen Mann auch im Schlafrock. Wir aßen kalten Braten, tranken dazu eine Flasche nach der andern, und zuweilen wurde es Mitternacht und darüber, ehe Goethe mich entließ, obwohl er sonst zwischen neun und zehn Uhr zu Bett zu gehen pflegte. Er war unerschöpflich in Fragen und wußte das Beste und Geheimste aus mir herauszulocken, so daß ich oft über mich selbst in Verwunderung geriet. In diesen kostbaren Stunden versenkte er sich in die goldenen Erinnerungen seines reichen Lebens und ließ mich ganz in sein großes, schönes Herz blicken. Dieses Herz war ebenso groß wie sein Geist. Es kannte nicht den Schatten von Neid, sondern es umfaßte die ganze Menschheit mit warmem

Wohlwollen, und es hat Hunderten mit Rat und Tat ausgeholfen, aber immer in der Stille, im Verborgenen. *(GA 23, S. 513f.)*

Joseph Charles Mellish of Blith

Als Mellish nach einer vieljährigen Trennung von Weimar, wo er lange als Kammerherr gelebt hatte, Goethe besuchte, rief dieser beim Anblick seines Freundes, mit dem er mancher Flasche den Hals gebrochen hatte und dessen Liebhaberei für den Wein er wohl kannte, nur das einzige Wort Champagner aus.

(GA 23, S. 793)

Ludwig August Frankl

Goethe liebte seine beiden Enkel über alle Maßen. Er beobachtete sie in zärtlichster Weise, nahm an ihrem Lernen teil, und um sich auch dann von ihnen nicht zu trennen, etablierte er jedem von ihnen in seinem Studierzimmer in den Fensternischen einen kleinen Schreibtisch,

an dem sie ihre Schulaufgaben schrieben.
Goethe liebte es namentlich in seinen späteren
Jahren, während er denkend oder diktierend auf
und ab ging, eine Flasche Rheinwein zu leeren.
Da machte es ihm ein besonderes Vergnügen,
die emsig lernenden Enkelchen mit aus seinem
Glase trinken zu lassen und sich herzlich zu freuen, wenn sie ganz fröhlich wurden und das Lernen völlig vergaßen. Ich hatte alle Mühe und
mußte allerlei Vorwände erfinden, erzählte Ottilie von Goethe, um die Kinder diesem überaus
gemütlichen Tun des Großpapas zu entziehen.

(GA 23, S. 809)

Johann Peter Eckermann

11. März 1828

„Gesetzt aber, eines dramatischen Dichters körperliche Konstitution wäre nicht so fest und vortrefflich, und er wäre vielmehr häufigen Kränklichkeiten und Schwächlichkeiten unterworfen, so
würde die zur täglichen Ausführung seiner Szenen
nötige Produktivität sicher sehr häufig stocken und
oft wohl tagelang gänzlich mangeln. Wollte er nun,
etwa durch geistige Getränke, die mangelnde Pro-

duktivität herbeinötigen und die unzulängliche dadurch steigern, so würde das allenfalls auch wohl angehen, allein man würde es allen Szenen, die er auf solche Weise gewissermaßen forciert hätte, zu ihrem großen Nachteil anmerken.

Mein Rat ist daher, nichts zu forcieren und alle unproduktiven Tage und Stunden lieber zu vertändeln und zu verschlafen, als in solchen Tagen etwas machen zu wollen, woran man später keine Freude hat."

Sie sprechen, erwiderte ich, etwas aus, was ich selber sehr oft erfahren und empfunden und was man sicher als durchaus wahr und richtig zu verehren hat. – Aber doch will mir scheinen, als ob wohl jemand durch natürliche Mittel seine produktive Stimmung steigern könnte, ohne sie grade zu forcieren. – Ich war in meinem Leben sehr oft in dem Fall, bei gewissen komplizierten Zuständen zu keinem rechten Entschluß kommen zu können. Trank ich aber in solchen Fällen einige Gläser Wein, so war es mir sogleich klar, was zu tun sei, und ich war auf der Stelle entschieden. – Das Fassen eines Entschlusses ist aber doch auch eine Art Produktivität, und wenn nun einige Gläser Wein diese Tugend bewirkten, so dürfte ein solches Mittel doch nicht ganz zu verwerfen sein.

„Ihrer Bemerkung", erwiderte Goethe, „will ich nicht widersprechen; was ich aber vorhin sagte, hat auch seine Richtigkeit, woraus wir denn sehen, daß die Wahrheit wohl einem Diamant zu vergleichen wäre, dessen Strahlen nicht nach einer Seite gehen, sondern nach vielen. – Da Sie übrigens meinen Divan so gut kennen, so wissen Sie, daß ich selber gesagt habe:

> Wenn man getrunken hat
> Weiß man das Rechte

und daß ich Ihnen also vollkommen beistimme. – Es liegen im Wein allerdings produktivmachende Kräfte sehr bedeutender Art; aber es kommt dabei alles auf Zustände und Zeit und Stunde an, und was dem einen nützet, schadet dem andern. Es liegen ferner produktivmachende Kräfte in der Ruhe und im Schlaf; sie liegen aber auch in der Bewegung. Es liegen solche Kräfte im Wasser, und ganz besonders in der Atmosphäre. – Die frische Luft des freien Feldes ist der eigentliche Ort, wo wir hingehören; es ist, als ob der

Geist Gottes dort den Menschen unmittelbar
anwehte und eine göttliche Kraft ihren Einfluß
ausübte. *(GA 24, S. 680f.)*

Karl Vogel,
seit 1826 Großherzoglicher Hofmedikus in
Weimar und Hausarzt Goethes

In früheren Jahren trank Goethe viel Wein und
andere geistige Getränke. Als ich ihn kennen
lernte, war er in Genüssen dieser Art schon sehr
mäßig, ja man könnte behaupten, zu furchtsam.
So versagte er sich zum Beispiel ohne alle Not
die Befriedigung eines abends um 6 Uhr – zu
welcher Zeit er früher viele Jahre hindurch im
Theater stets Punsch getrunken hatte – nicht selten wiederkehrenden, manchmal sehr lebhaften
Verlangens nach diesem Getränk; so wagte er
ferner aus ganz unbegründeter Furcht in den
allerletzten Jahren nicht mehr, Champagner auch
nur zu kosten, obschon er denselben sehr liebte.
Oft mit ihm allein zu Tische, habe ich – was das
Trinken anbelangt – den Kampf zwischen Appetit und Besorgnis ohne Ausnahme für die letztere

siegreich ausfallen sehen, obgleich ich mich selbst meistens mit auf die Seite des Appetits schlug. Einen Tag, wie den andern, begnügte sich Goethe bei dem Frühstück mit einem Glase Madeira, und bei dem Mittagessen mit einer gewöhnlichen Flasche leichten Würzburger Tischwein. Nur selten nahm er auch wohl noch ein ganz kleines Gläschen Tinto di Rota zum Nachtisch. Kaffee und zwar mit Milch trank er nur zum Frühstück. Nach der Mahlzeit genossen, verursachte ihm derselbe von Jugend an Beängstigungen. Bier und andere Getränke, dann und wann ein Glas Wasser ausgenommen, habe ich Goethe, wenn er sich wohl befand, in den letzten fünf Jahren seines Lebens niemals trinken sehen.

(Aus: Wolfgang Herwig: Goethes Gespräche,
Bd. V, S. 15f., Zürich 1987)

„Ich wünsche mir einen leichten reinen Würzburger ..."

Verschiedenes

„Dreikopf": Aus einem größeren Frauenkopf wachsen zwei Mädchenköpfe heraus, vielleicht eine Charakteristik von Wesensmerkmalen der Dargestellten. Vermutlich Christiane Vulpius. Um 1788/1789

An Fanny Caspers[2]
Jena, den 21. Nov. 1815

In einer Stadt einmal
Auf dem Stadthaus
Ein großer Saal,
Darin ein lustig Mahl.
Unter den Gästen
Eine artige Maus,
Wie's bei solchen Festen
Geht im Champagnersaus.
Sie hatte nicht so viel getrunken
Als Schiller, ich und alle,
Sie war mir aber um den Hals gesunken.
In keiner Falle
Fing man so lieblich Mäuschen;
Niedlich war sie, niedlicher im Räuschchen.
Ich hielt sie feste, feste,
Wir küßten uns auf's beste,
Doch wickelte sie sich heraus –
Fort war die Maus!
Die treibt sich in Osten und Süden;
Gott schenkt' ihr Lieb und Frieden.

(GA 2, S. 275f.)

> den 15. Junius 1775.
> Donnerstags morgen aufm Zürichersee.
>
> Ohne Wein kan's uns auf Erden
> Nimmer wie dreyhundert werden
> Ohne Wein u. ohne Weiber
> Hohl der Teufel unsre Leiber.
> ...
>
> *(GA Tagebücher, S. 9)*

Epiphaniasfest

Die heilgen drei König' mit ihrem Stern,
Sie essen, sie trinken, und bezahlen nicht
 gern;
Sie essen gern, sie trinken gern,
Sie essen, trinken, und bezahlen nicht gern.

Die heilgen drei König' sind kommen allhier,
Es sind ihrer drei und sind nicht ihrer vier;
Und wenn zu dreien der vierte wär,
So wär ein heilger drei König mehr.

Ich erster bin der weiß' und auch der schön',
Bei Tage solltet ihr erst mich sehn!
Doch ach, mit allen Spezerein
Werd ich sein Tag kein Mädchen mir erfrein.

Ich aber bin der braun' und bin der lang',
Bekannt bei Weibern wohl und bei Gesang.
Ich bringe Gold statt Spezerein,
Da werd ich überall willkommen sein.

Ich endlich bin der schwarz' und bin der klein'
Und mag auch wohl einmal recht lustig sein.
Ich esse gern, ich trinke gern,
Ich esse, trinke und bedanke mich gern.

Die heilgen drei König' sind wohlgesinnt,
Sie suchen die Mutter und das Kind;
Der Joseph fromm sitzt auch dabei,
Der Ochs und Esel liegen auf der Streu.

Wir bringen Myrrhen, wir bringen Gold,
Dem Weihrauch sind die Damen hold;
Und haben Wein von gutem Gewächs,
So trinken wir drei so gut als ihrer sechs.

Da wir nun hier schöne Herrn und Fraun,
Aber keine Ochsen und Esel schaun
So sind wir nicht am rechten Ort
Und ziehen unseres Weges weiter fort.

(GA 1, S. 104f.)

Stoßseufzer

Ach, man sparte viel,
Seltner wäre verruckt das Ziel,
Wär weniger Dumpfheit, vergebenes Sehnen,
Ich könnte viel glücklicher sein –
Gäbs nur keinen Wein
Und keine Weibertränen!

(GA 1, S. 447)

Es hat ein hübsches Maidel
Nur allzuviel zu tun,
Der Bursche trinkt manch Seidel
Und kann hernach nicht ruhn.
Und wenn sie dann sich trafen,
Wer kann dann was dafür?
Er hat den Rausch verschlafen,
Der Rausch er schläft mit ihr.

(GA 2, S. 120f.)

Nach dem Gelde ist wohl der Wein am ersten werth, daß man sein gedenke. Wir haben unseren Bedarf bis Ende Juni im Keller; alles aber wohl überlegt, mußt du dir nothwendig, was du zu brauchen glaubst, mitbringen.

Goethe aus Karlsbad an
Christiane am 24. Mai 1812 (WA IV, 23, S. 26)

Ghasel auf den Eilfer

Goethe bedient sich hier des Ghasels, einer bei den Persern (vor allem bei Hafis) und Indern beliebten Gedichtform; sie besteht aus zweizeiligen Strophen, die durch einen gleichen Reim der zweiten Zeile miteinander verbunden sind. Hatem ist hier, am Schluß, der Dichtername Goethes. – Nachstehend die Urfassung vom 10. Oktober 1815 (erst gegen Ende des vorigen Jahrhunderts erstmals veröffentlicht); anschließend die spätere, überarbeitete Fassung

„Ich wünsche mir einen leichten reinen Würzburger ..."

> Wo man mir Guts erzeigt überall,
>   's ist ein Flasche Eilfer,
> Am Rhein, am Main und Necker
>   Man bringt lächelnd Eilfer.
> Hört man doch auch wohltätige Namen
>   Wiederholt wie Eilfer,
> Friedrich den Zweiten zum Beispiel
>   Als beherrschenden Eilfer,
> Kant wird noch immer genannt
>   Als anregender Eilfer.
> Mehrere Namen in der Stille
>   Nenn ich beim Eilfer.
> Von meinen Liedern sprechen sie auch
>   Rühmlich froh wie vom Eilfer,
> Trinken auf mein Wohl klingend mit mir,
>   Alles im reinsten Eilfer.
> Dies würde mich mehr freuen,
>   Mehr als der Eilfer,
> Tränke nur Hafis auch der Würdige.
>   Trink den Eilfer!
> Eilig steig ich zum Hades hinab,
>   Wo vom Eilfer
> Nüchterne Seelen nicht trinken,
>   Sage den Eilfer.

Eilig, Hafis, geh! da droben stehet
  Ein vollkommenes Glas Eilfer,
Das der Freund mir einschenkte,
  Der würdigste, der den Eilfer
Sich abspart, damit ich reichlich genieße
  Den vollkommenen Eilfer.
Hafis, jedoch eile! denn zum Pfande
  Bleib ich bis du geschlürft den Eilfer
An der Tagseite des Rheingaus,
  Wo verherrlicht der Eilfer,
Ich an der Nachtseite: hier schaudert
  Den, der gewohnt an Eilfer.
Komme zurück, Besonnener,
  Unbesonnen durch Eilfer,
Daß ich, Ahnherr, dich grüße
  Atmend noch Eilfer!
Kehr ich zurück, so eifert die Freundin:
  „Hat doch der Eilfer
Abermals dich niedergeworfen!
  Trunken vom Eilfer
Lagst unempfindlich meinem Kosen,
  Als wäre der Eilfer
Meinen Küssen vergleichbar.
  Meide den Eilfer!"

Und sie weiß nicht, daß du, Hafis,
  An meiner Statt den Eilfer
Ausgeschlürft, ich aus Liebe zu dir
  Seelenlos dalag! das soll nur der Eilfer
Alles haben getan und verbrochen,
  Der unschuldige Eilfer!
Liebchen aber sagt: „Diesen Rival,
  Den Schenken des Eilfer,
Neid ich wie des schwarzäugigen Schenken
  Stets bereiten Eilfer.
Hatem! sieh mir ins Auge!
  Den Schenken, den Eilfer
Laß sie fahren! diese Küsse sie sind von heute,
  Was will der Eilfer!"

—

Denn ich möchte gar zu gern
  Trinken den Eilfer,
Wenn er alt ist, denn gegenwärtig
  Ist er allzurasch und jung, der Eilfer.
Niemals möcht ich entbehren
  Im Leben den Eilfer,
Der so viel wuchs und gut
  Anno eilf. Drum heißt er Eilfer.

—

Sing es mir ein andrer nach
    Dieses Lied vom Eilfer!
Denn ich sang's im Liebesrausch
    Und berauscht vom Eilfer.

(GA 2, S. 123ff.)

Ghasel auf den Eilfer
(Überarbeitete Fassung)

Wo man mir Guts erzeigt überall,
    's ist eine Flasche Eilfer.
Am Rhein und Main, im Neckertal,
    Man bringt mir lächelnd Eilfer.
Und nennt gar manchen braven Mann
    Viel seltner als den Eilfer:
Hat er der Menschheit wohl getan,
    Ist immer noch kein Eilfer.
Die guten Fürsten nennt man so,
    Beinahe wie den Eilfer;
Uns machen ihre Taten froh,
    Sie leben hoch im Eilfer.
Und manchen Namen nenn ich leis
    Still schöppelnd meinen Eilfer:

Sie weiß es wenn es niemand weiß,
  Da schmeckt mir erst der Eilfer.
Von meinen Liedern sprechen sie
  Fast rühmlich wie vom Eilfer,
Und Blum und Zweige brechen sie
  Mich kränzend und den Eilfer.
Das alles wär ein größres Heil, –
  Ich teilte gern den Eilfer –
Nähm Hafis auch nur seinen Teil
  Und schlurfte mit den Eilfer.
Drum eil ich in das Paradies
  Wo leider nie vom Eilfer
Die Gläubgen trinken. Sei er süß
  Der Himmelswein! Kein Eilfer.
„Geschwinde, Hafis, eile hin!
  Da steht ein Römer Eilfer!"

(GA 3, S. 411f.)

In welchem Weine
Hat sich Alexander betrunken?
Ich wette den letzten Lebensfunken:
Er war nicht so gut als der meine.

(GA 3, S. 411)

Also lustig sah es aus,
Wo der Main vorüberfloß,
Als im schmucken Hain und Haus
Festlich Eilfer überfloß.
Ferner Freunde ward gedacht:
Denn das heißt genießen,
Wenn zu Fest- und Flusses Pracht
Tausend Quellen fließen.

(GA 1, S. 708)

Der Teleolog

Welche Verehrung verdient der Weltenschöpfer, der gnädig,
Als er den Korkbaum schuf, gleich auch die Stöpsel erfand!

(GA 2, S. 445)

Du irrest, Salomo!
Nicht alles nenn ich eitel:
Bleibt doch dem Greise selbst
Noch immer Wein und Beutel.

(GA 1, S. 630)

Überall trinkt man guten Wein,
Jedes Gefäß genügt dem Zecher;
Doch soll es mit Wonne getrunken sein,
So wünsch ich mir künstlichen griechischen
  Becher.

(GA 1, S. 630)

Weinbestellungen Goethes

1.

Indem ich Ihnen, wertester Herr Ramann, hiebey den Betrag der mir zuletzt übersendeten Ohme Erlauer, mit 9 Karol. überschicke, wobey mir 12 gr. zu Gute bleiben, ersuche ich Sie, wenn Sie gegenwärtig recht guten Erlauer haben, mir eine Probe davon in ein Paar Bouteillen zu schicken. Zugleich wünschte ich ein Paar Flaschen Würzburger, wie ich solchen bey Herrn Hofrath Loder getrunken und ein Paar Flaschen vorzüglich guten Steinwein zur Probe, nebst den Preisen. Diese 6 Flaschen in einem Kistchen wären wohl für Kälte zu bewahren.

Der ich recht wohl zu leben wünsche.

Weimar am 11. Febr. 1801

Goethe.

2.

Herr Ramann wird ersucht, dem Überbringer dieses Einen Eymer rothen Elsässer von dem letzteren, und Einen Eimer Languedoc zu übergeben, zum Transport an mich. Zugleich vermel-

de, daß einiges zur Abzahlung parat liegt, worüber disponiert werden kann.
D. 25. Octbr. 1810

J. W. v. Goethe.

3.
Weimar, den 25. März 1816.

Verehrter Herr Ramann!
Ich wünsche durch Überbringer dieses einen Halben Eymer Würzburger von der letzten Sorte, ingleichen wieder einen Halben Eymer Elsässer desgleichen zu erhalten, welches derzeit meinem Mangel abhelfen würde.
Freundlich das Beste wünschend

J. W. v. Goethe.

4.
An Herren Ramann u. Compg.
Wohlangesehener Weinhändler zu Erfurt.

Durch Überbringer dieses bitte mir einen Halben Eymer Würzburger und einen Halben Eymer rothen Elsässer gefällig aus. Die fehlenden Lücken meines Weinlagers schleunig auszufüllen, thut diesmal mehr Noth als je.

Freundlich alles Schöne wünschend
Weimar d. 2ten May 1816

        J. W. v. Goethe.

5.

An
Herrn Ramann
angesehener Weinhändler
nach Erfurt.
Mit einem Päckchen sign. H.R. z. E.
worin 200 Thl. Sächs.

Sie erhalten, werthester Herr Ramann, durch die fahrende Post 200 r. Sächs. auf Abrechnung. Wollen Sie mir den Empfang gefällig melden und einen Eymer guten reinen Wertheimer bald möglichst überschicken. Auch wünschte einige Flaschen Malaga bald zu erhalten.
Der ich recht wohl zu leben wünsche
Weimar d. 30. May 1816.

        J. W. v. Goethe.

6.

Ew. Wohlgeboren
ersuche mir sobald als möglich wieder 24 halbe Flaschen Champagner zu senden.

Weimar, den 18. April 1826.
Ergebenst v. Goethe.

Anhang

Nachbemerkung

Seinen Dank für wichtige Auskünfte richtet der Herausgeber an die Damen und Herren vom Institut „Goethe-Wörterbuch" in Tübingen, vor allem auch an Herrn Dr. Rüdiger Welter wegen der Hinweise auf den Goethe Index Verborum und auf die Literatur über Goethes Weinhändler.

❊

Für die vorliegende Arbeit wurden neben eigenen Forschungen unter anderem auch folgende Aufsätze beziehungsweise gesonderte Publikationen benutzt:

Hülle, Heinrich: Eine kleine Erinnerung aus klassischer Zeit. Den langjährigen und treuen Freunden unseres Hauses. Erfurt, den 28. August 1949. Gebrüder Ramann (Nachdruck des Heftchens vom 28. Aug. 1900; Stadtbibliothek Erfurt Lg 1669 kh)

Bassermann-Jordan, Friedrich: Goethe und der Wein. Mit Abb. und Originalbriefen, Ansbach 1932

Christoffel, Karl: Rebe und Wein in Goethes Weltbild, Heidelberg 1948

Jung, Hermann: Goethe und seine Weinhändler. In: Der Deutsche Weinbau, 27. Jg., 1972, S. 7f.

Rothe, Hans Werner: Goethes Erfurter Weinlieferant und vom Erfurter Weinbau. Mit zwei faksimilierten Goethe-Briefen. In: Das Weinblatt, allgemeine Deutsche Weinfachzeitung. Neustadt an der Haardt, 44 Jg. 1949, S. 262*ff.*

Die wiedergegebenen Texte folgen, wo nicht anders angegeben, den Goethe-Ausgaben:

WA = Goethes Werke. Herausgegeben im Auftrage der Großherzogin Sophie von Sachsen. Weimar 1887ff. (Sophien-Ausgabe)

GA = Johann Wolfgang Goethe. Gedenkausgabe der Werke, Briefe und Gespräche. Herausgegeben von Ernst Beutler. Zürich 1950ff.

Rechtschreibung und Zeichensetzung folgen denen der jeweils zugrundegelegten Ausgaben.

Den Maßangaben in den Texten entsprechen – mit Schwankungen in den einzelnen Ländern – die Liter-Bezeichnungen:
1 Stück = 1200 (1125) Liter
1 Fuder = 900 Liter
1 Ohm = 150 Liter
1 Eimer = 64 Liter
1 Maß = 2(1) Liter

Goethes Weinbestellungen bei Ramann sind dem obengenannten Aufsatz von Hans Werner Rothe entnommen. Erklärungen stehen nur dort, wo es für das Textverständnis unerläßlich ist. – Die Reihung der Texte ist chronologisch, von einigen Ausnahmen abgesehen, in denen ein besonderer Aspekt eine andere Anordnung nahelegte.

Anmerkungen

[1] Das Werk über den „medicinischen Weingebrauch" hat Goethe stark beschäftigt – das geht auch aus einer Reihe von Brief- und Tagebuchstellen hervor; Georg Fraustadt vermerkt diese und gibt das Stammbuchblatt in Faksimile und Transskription wieder (in: Jahrbuch der Goethe-Gesellschaft, 10. Band, S. 159ff., Weimar 1924).

[2] Fanny Caspers (1787–1835), Schauspielerin, von 1800 bis April 1802 in Weimar, antwortete Goethe in ihrem Brief vom 3. Mai 1816:
„Hier bei diesen [Versen Goethes vom 21. Nov. 1815] knüpft sich mir das Zeichen – die lebendige Erinnerung – und wenn auch in mancher Betrachtung meine – oder vielmehr meiner Schwester Verhältnisse mir in Weimar nicht lieb – in der Erinnerung sind – so wird mir doch mein dortiger Aufenthalt ewig werth und intereßant bleiben – den ohne ihn – wäre mir ja nie das große Glück – Sie kennen gelernt zu haben – zu Theil geworden. Kaum wagte ich es ... zu glauben daß Sie Sich meiner erinnern würden – um so mehr überraschte mich das kleine Gedicht welches mir plötzlich die ganze Vergangenheit vor die Seele rief – Daß Sie, bester Geheimderath an jenen Abend dachten – gab mir ein gar frohes und freudiges Gefühl – und eine große Sehnsucht nach Weimar. (Goethe. Begegnungen und Gespräche. Hg. von Renate Gruenach, Bd. V, S. 258, Berlin 1985)

Nachweis der Illustrationen

Die hier wiedergegebenen Zeichnungen Goethes finden sich – mit einer Ausnahme – in der Publikation: „Corpus der Goethezeichnungen", bearbeitet von Gerhard Femmel, 2. Auflage, VEB E. A. Seemann Buch- und Kunstverlag, Leipzig 1972ff. Auf sie beziehen sich die folgenden Angaben (z.B. C I, 151), bei denen die römische Ziffer den Band, die arabische Ziffer die Bildnummer bedeutet. Die kursiven Zahlen vor den Bildbezeichnungen verweisen auf die Seiten in dem vorliegenen Band:
7 Dornburger Schlösser, C I, 151. – *29* Genreszene, C I, 88. – *39* Exlibris Schönkopf, C VIb, 271. – *59* Goethes Gartenhaus, C I, 220. – *75* Rovereto, C II, 13. – *97* Weinbauernhaus, C IVb, 186. – *107* Christiane und August Goethe im Hausgarten: Goethes Briefwechsel mit seiner Frau. Hg. v. Hans Gerhard Gräf, 1. Bd., nach S. 14. Frankfurt 1916. – *133* „Dreikopf", C IVb, 43. – *Vorsatz*, C Vb, 144a.

Inhalt

Vorwort   5

Wein – Symbol der Lebensfreude

Lyrische Kleinodien   29
  Hingesunken alten Träumen   30
  Die stille Freude wollt ihr stören?   30
  Herbstgefühl   30
  Der König in Thule   31
  Der Sänger   33
  Der Schatzgräber   35
  Gewohnt, getan   37

„... in geschliffener Flasche den hochfarbigen Wein ..."

Erinnerungen   39
  Der Goethesche Weinberg vor dem
    Friedberger Tor   40
  Im Weingarten von „Hermann und
    Dorothea"   42
  Gäste im Goethehaus zu Frankfurt   46
  Beim Sankt-Rochus-Fest zu Bingen   50

„Und das Wohl der ganzen Welt ..."

Trinklieder	59
Bundeslied	60
Tischlied	62
Vanitas! Vanitatum Vanitas!	65
Rechenschaft	67
Ergo bibamus	73

Reisen zu Dionysos

Erlebnis Weinlandschaften	75
Im Tal von Bozen	76
In Venetien	79
Von Wiesbaden nach Rüdesheim	81
Im Rheingau Herbsttage	86
Arkadien	91

„Herrliches Gefühl der Gegenwart"

Das Schenkenbuch	97
Ja, in der Schenke hab ich auch	98
Sitz ich allein	99
So weit bracht es Muley	99
Ob der Koran von Ewigkeit sei	99
Trunken müssen wir alle sein	100

Da wird nicht mehr nachgefragt	100
Solang man nüchtern ist	100
Warum du nur oft so unhold bist	101
Wenn der Körper ein Kerker ist	101
Setze mir nicht, du Grobian	102
Schenke spricht	102
Sie haben wegen der Trunkenheit	103
Du kleiner Schelm du	104
Was in der Schenke waren heute	104
Welch ein Zustand! Herr, so späte	105
Jene garstige Vettel	106

Nahbilder

Zeitgenossen berichten	107
Charlotte von Stein an Fritz von Stein	108
Prinz Louis Ferdinand von Preußen an Pauline Wiesel	108
George Henry Lewes	110
Eduard Genast	112
Bettina von Arnim an Sophie Brentano	114
Johann Karl Wilhelm Zahn	118
Joseph Charles Mellish of Blith	127
Ludwig August Frankl	127

Johann Peter Eckermann	128
Karl Vogel	131

„Ich wünsche mir einen leichten reinen Würzburger ..."

Verschiedenes	133
An Fanny Caspers	134
Ohne Wein kan' s uns auf Erden	135
Epiphaniasfest	135
Stoßseufzer	137
Es hat ein hübsches Maidel	137
Nach dem Gelde ist wohl der Wein	138
Ghasel auf den Eilfer (Urfassung)	138
Denn ich möchte gar zu gern	141
Sing es mir ein andrer nach	142
Ghasel auf den Eilfer (überarbeitete Fassung)	142
In welchem Weine	143
Also lustig sah es aus	144
Der Teleolog	144
Du irrest, Salomo!	144
Überall trinkt man guten Wein	145
Weinbestellungen Goethes	146

Anhang

Nachbemerkung (mit Quellenangaben,
   Abkürzungsverzeichnis,
     Maßangaben etc.)   151
Anmerkungen   153
Nachweis der Illustrationen   154

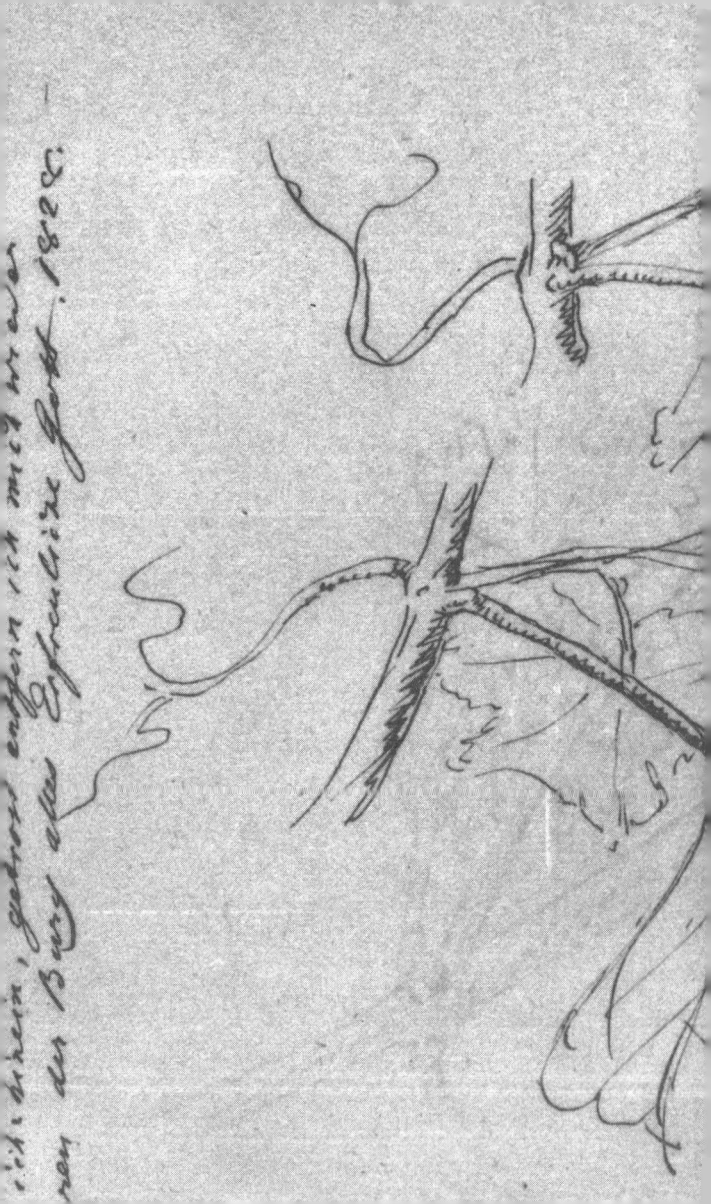

Inhalt

1 Einleitung — 5

2 Verbesserungen selbstverständlich machen — 17

3 Ziel-Zustand definieren — 25

4 Ziel-Zustand erreichen — 43

5 Nach der Coaching-Kata führen — 59

6 Richtung geben — 77

7 Verbesserung selbstverständlich machen — 93

8 Anhang — 105
   Merkblätter — 105
   Herausforderungskaskade — 109
   Formblätter — 117

1 Einleitung

WORUM GEHT ES?

Seit vielen Jahren behauptet sich Toyota an der Spitze der Automobilindustrie. Dies gelingt, weil es Toyota wie kaum ein anderes Unternehmen geschafft hat, kontinuierliche Verbesserung zum zentralen Bestandteil der Unternehmenskultur zu machen. Der Schlüssel dazu ist die Art und Weise, wie Führungskräfte bei Toyota im Verbesserungsprozess führen. Im Zentrum stehen dabei zwei Denk- und Handlungsmuster, Katas, die jede Führungskraft und jeder Mitarbeiter bei Toyota täglich anwenden. Mike Rother hat dies als erster 2009 in seinem Buch „Die Kata des Weltmarktführers: Toyotas Erfolgsmethoden" beschrieben. Kata ist ein im Kampfsport verwendeter Begriff und beschreibt eine präzise definierte Abfolge von Handlungen.

Für Führungskräfte, die unzufrieden sind mit Innovationskraft und Problemlösungsfähigkeit ihres Teams, zeigt dieses Buch, wie mit der Kata Verbesserung zum selbstverständlichen Teil der täglichen Arbeit in allen Bereichen wird und durch Beteiligung aller Mitarbeiter außerordentliche Schlagkraft erzielt werden kann. Im Unterschied zu anderen Ansätzen geht es dabei nicht um das Übertragen von Toyotas Prinzipien oder sichtbaren Werkzeugen wie A3, 5S oder Waste Walks, die keine Veränderung der Kultur bewirken und meist nicht nachhaltig wirksam sind.

HINWEIS

Die Kata ist ein Führungsansatz, der einen Prozess der täglichen, zielgerichteten Verbesserung in allen Bereichen etabliert, die Problemlösungsfähigkeit entwickelt, Selbstmotivation fördert und den Umgang mit Neuem zur Routine bei allen Mitarbeitern macht. Mitarbeiter und Teams werden befähigt, dezentral und eigenverantwortlich Prozesse zu verbessern und herausfordernde Ziele zu erreichen.

Im globalen Wettbewerb ist der Vorteil von heute oft schon morgen der Standard der Branche. Deshalb ist kontinuierliche Verbesserung keine Option mehr, sondern zentraler Wettbewerbsfaktor. Die Schnellen fressen zumeist die Langsamen.

TIPP

Wie zufrieden sind Sie mit der Nachhaltigkeit, Kontinuität und Breite Ihres Verbesserungsprozesses? Folgender Test hilft Ihnen bei der Antwort:

- Ist Verbesserung fester Bestandteil der täglichen Arbeit in allen Bereichen – oder eher sporadisch und von Workshops mit immer neuen Maßnahmenplänen geprägt?
- Werden Probleme ursächlich und nachhaltig gelöst – oder beherrscht die schnelle Kompensation den Tag?
- Ist Verbesserung bereichsübergreifend ausgerichtet auf gemeinsame, strategische Ziele – oder erfolgt eher lokale Suboptimierung?
- Gibt es die Selbstmotivation, herausfordernde Ziele zu verfolgen, und ein inspirierendes Klima, das einlädt, Neues zu probieren – oder vor allem Erklärungen, warum es nicht funktioniert?